Diese Publikation wurde als 96. Katalog der
Alfried Krupp von Bohlen und Halbach-Stiftung im Programm
Kataloge für junge Künstler gefördert.

Herausgeber / editor: Nicolaus Schafhausen für den Frankfurter Kunstverein

Übersetzung / translation: Christopher Jenkin-Jones

Gestaltung, Produktion / production: Silke Bauer, Adelio

Druck und Bindung / print and binding: Prima Print

Buchdeckel / cover: Gestaltung unter Verwendung eines Scherenschnittes des Künstlers

ISBN: 0-9711193-6-8

Diese Publikation wurde gefördert mit Mitteln der Alfried Krupp von Bohlen und Halbach-Stiftung
Gefördert durch die Stiftung Kunstfonds mit Mitteln der VG Bild-Kunst

Kai Althoff * **Gebärden und Ausdruck**

Inhalt

Nicolaus Schafhausen
Vorwort   Seite   9

Bernd Koehler
Friedpangang   Seite   11

Anke Kempkes
Passion und Dilemma   Seite   17

Jutta Koether
Holistisches High   Seite   25

Michaela Eichwald
Seligkeit ist nichts Verheißenes   Seite   37

Abbildungen   Seite   43

Verzeichnis der Abbildungen   Seite 167

Biografie und Bibliografie   Seite 175

Übersetzungen   Seite 179

Fotonachweis   Seite 197

Vorwort

Nicolaus Schafhausen

Auf einer Streichholzschachtel, die der Künstler Kai Althoff für eine Galerie im Jahr 2000 gestaltete, hat er eine gezeichnete Person dringlich auffordern lassen: "...aber,–Ich will was von Dir wissen!!!"

So sehr sich deren Gegenüber noch mucksig verschließt, unsicher der Direktheit wegen ist, oder ungern spricht,–man sieht am Ausdruck schon: Es kann was werden zwischen ihnen, denn der so Angesprochene denkt wohl: "Ja: wer hat sich schon groß für mich interessiert, und jetzt so gerad' heraus? Es macht mich nervös, aber ich will die Gelegenheit nicht sausen lassen. Ich glaub', er meint es ernst."

So etwa scheint sich Kai Althoff, den ich 1992 durch meine Arbeit als Galerist kennenlernte und zusammen mit meinem damaligen Partner Markus Schneider einlud, seine erste Einzelausstellung bei uns auszurichten, einen Umgang mit der Welt und deren Bewohnern zu wünschen. Dabei merkt er, daß es große Gefahr birgt, die Menschen in ihrem wundersamen Streben nach Liebe und Erfüllung von innen *und* von außen zu schauen, denn *unfaßbar* ist der Ratschluß. Wegen dieser Ausweglosigkeit hat er sich mit einer Herkunft, der man ja eh nicht entrinnen kann, auf's Engste verfugen wollen um somit Halt zu finden um "zu meistern". Jetzt kommt die Frage nach Dir aus sicherem Gebäude? Und wenn andere ihm keine Antwort geben, erfindet er sich selbst Frage und Antwort dazu. Ungenau stammelt er oder reißt sich zusammen, vermeintlich kleinen Weggefährten große Worte zu verleihen. Mit diesen Gefährdungen will er es wohl zu tun haben, denn man findet sie auf jeder Seite dieses Buches in ihrem eigenen Bewußtsein, das Kai Althoff so zwingend zu erringen sucht.

Ich danke der Alfried Krupp von Bohlen und Halbach-Stiftung für die großzügige Unterstützung dieser Publikation, die zum ersten Mal einen umfassenden Einblick in die Arbeit des Künstlers gibt. Ebenso danke ich der Stiftung Kunstfonds.

Friedpangang

Bernd Koehler

Nachdem der Abry mich eindringlich vor dem „unfreundlichsten Menschen von ganz Köln" gewarnt hatte, brachte er es dann 1990 doch über sich, ein Treffen zu arrangieren, weil er ein paar Fotos für "Arbeitgeschäft" brauchte. Er und der Unfreundlichste waren nämlich über dieses und ältere Kanäle miteinander verklebt. Wider Erwarten kam es zu keinen nennenswerten Handgreiflichkeiten, und die Wohnung des Unfreundlichsten wurde nur leicht umorganisiert, was mit Sicherheit an der Anwesenheit von Frauen lag. Die waren natürlich von einem anderen Kaliber als die Russin, die dann irgendwann später auch noch abgelichtet wurde. Aber zu der Zeit war denn auch mein Bruder schon in die Angelegenheit verstrickt. Zurück zum ersten Treffen, das doch noch einen erfolgreichen Ausgang in Gummistiefeln vor einem Bungalow in Rodenkirchen hatte. Irgendwann fanden wir uns in der Zeitung wieder.

Der Unfreundlichste, den ich als solchen gar nicht empfand, entpuppte sich als wahres Talent im Asphaltasseln und wurde daher bis zum Erscheinen der Fee und noch viele Jahre darüber hinaus in Abwesenheit Assel genannt. Auf alle Fälle hatte sich sofort ein Ritual herausgebildet. Wir trafen uns jetzt immer an der Sporthochschule, um 100 m zu messen. Danach schlug Assel ausgekocht einen erfrischenden Spaziergang zum Hansaring vor, den er ungefähr in 12,0 bewältigte. Ich hinkte mit 16,7 Faserrissen hinterher und war froh, daß es am Ring wieder mit einer meiner Stärken weiterging. Dort lungerte meistens der weltberühmte und auch stadtbekannte Kampfkünstler Drang-Ede herum, der nur darauf wartete, einen seiner Super-8-Bruce-Lee-Filme vorzuführen. Dies gelang ihm bei uns vortrefflich.

Nachdem wir nun aufgewärmt und in der richtigen Stimmung waren, sangen wir uns noch auf die weltberühmte Kölner Weise "Auf der Lüneburger Heide", die ich Assel auch schriftlich schicken konnte, Mut an. Es folgte die Mission Kalk Post, wo immer die beliebten Mottofeste "Pakte, die der Paarung dienen" spontan stattfanden. Assel asselte die Strecke natürlich, während der Rest KVB ausnutzte oder Edes feurige Zweiräder durchtrat. Wer warten mußte, liegt auf der Hand. Kalk Post war neben Bogis Imbiß auch noch Sitz einer subversiven Männer-WG, die uns teilweise mit oder ohne Bogis öliges Hähnchenbein einsickern ließ. Hier lag das Zentrum der Inspiration, denn man fand immer Ruhe im Kennenlernen von wichtigen Menschen wie Jeff, dem Samurai, Peter A., der Russin, diversen Barbaras, Kleines Dickes Olli, Jan und anderen Vollidioten. Bei besinnlicher Musik von AC/DC wurden dann Klassiker wie "Die Märchenbraut", "Twin Peaks" oder "Ein dicker kleiner Spatz, sein Name war Jürgen" konsumiert. Darauf ließ sich aufbauen.

Konsequent kotzte Olli sein halbrohes Schweineschnitzel aus, bevor es zum Bermudadreieck ging. Dieses bestand aus einer listig angelegten Dreizahl von Lokalitäten. Zuerst wurde intuitiv der "Don" aufgesucht, wo wir so etwas wie Familienstatus und Wein genossen. Außerdem wurden hier die drei Maschen des Erfolgs gestrickt: Glaube, Liebe, Hoffnung. Weiter gingen wir nun in weißen Overalls und mit lärmenden Preisparadiespistolen in das Lokal mit dem Fisch. Kein Wunder, daß Graf-Zahl hinter der Theke, die im Prinzip einziges Accessoire des Etablissements war, reflektorisch Ramones auflegte, die Whiskykorken knallen ließ und treuherzig auf Deckel-Evi anschrieb. Das war für Assel genug zum Thema Evi, was diese ihm damit dankte, daß sie mich aus der Wohnung schmiß. Nun konnte er seine Beziehungen spielen lassen und mich in einer Bleibe mit Kartonbett von netten Eltern unterstellen. Wenn der Abry in town war, redeten Assel und er eh exklusiv. Wir anderen vertrieben uns die Zeit, indem wir taktische Zeichen in Form von Hasenohren an ihnen anrichteten und einem geschickten dicklichen kleinen Mann bei seinen Freiübungen zusahen, den eigenen Anzug säuberlichst in einer Plastiktüte zusammenzulegen, um dann befreit in Damenunterwäsche ein Kölsch ordern zu können. War die Luft endlich schwanger, konnten ihre Kinder der Nacht ein paar Geschmeidigkeiten auf Graf-Zahls Privattanzfläche begehen, was von Assel gönnerhaft ignoriert wurde, da er sich sowieso seines Monopols von Veitstanz mit Ästhetik bewußt war. Darum ging es ja bei der ganzen Sache, niemanden von den Fiesen davon Wind bekommen zu lassen, denn das war heiß begehrt, ähnlich wie das Selbstportrait des unbekannten Künstlers mit dem Titel und Motiv "Kai am Wegrand, wie er sich die Füße kratzt" oder die Aktionswoche "Masken basteln ohne Raspeln". Zwischen eins und zwei mußten wir diese heilige Halle verlassen, wenn es uns nicht gelang, finale Schüsse mit Kollateralschäden aus der Stimmungskanone Dreistler abzufeuern oder wenn uns die schnelle Gudeingreifpuppe nicht die Stellung frei hieb.

Auf dem Programm stand Dosenwerfen in einer Pinte, die ihresgleichen sucht und bis dahin im Namenszug die göttliche Zahl minus eins trägt. Zu dieser Zeit war political correctness noch ein Fremdwort und man gefiel sich im interkulturellen Austausch von Bierdosen. Es ging das Gerücht um, daß die Kunst des Dosenschießens unserer Gruppe einen großen Konkurrenzvorteil bei der zukünftigen Musikbeeinflussung in diesem wie in anderen Läden verschaffte, denn wer Platten legt, muß einiges abkönnen und darf nicht schon nach dem zwanzigsten Bier die alte Kurtnummer auflegen. Die Wahl fiel natürlich auf Assel, weil er als Freund der Feinmotorik nur Wodka oder Whisky trank. Außerdem glänzten wir anderen mehr durch Kenntnisfreiheit als durch ehrliche Arbeit, weshalb wir mit dem Müllsumpf eine eigene Art entwickelten. Die leeren Dosen wurden artig von uns gesammelt und am nächsten Tag mit heiligen Handlungen an den Ufern des Rheins und seiner geheimen Insel im Lagerfeuer geröstet. Wesentlicher Bestandteil der Zeremonie war die Fee, die meinem Bruder mal auf der Autobahn erschienen war und sich als verdammt hartnäckige Halluzination erwies, da wir sie seitdem alle sahen. Außerdem beeinflußte sie unsere Haltung, und wir konnten uns in der B-Note entscheidend verbessern. Die gravierendste Veränderung zeigte sich an Assel, der, wie es seine Art war, sich ziemlich rar machte, indem er sich oft verpuppte, was Krebstiere sonst nur sehr ungern tun. Derweil machte die Fee beharrlich darauf aufmerksam, daß er der schönste Mensch sei und wir endlich die Krebse in Ruhe lassen sollten. Die Wirkung blieb nicht aus.

Wir suchten sofort ein Pseudonym und ein neues Forschungsgebiet. Das eine wurde Kai, das andere die Lüneburger Heide. Kai versuchte sich dort als Landschaftsfotograf und -filmer, manchmal mit Menschen im Vordergrund. Die anderen fanden es unterhaltsamer, mit der Dreistler, nachdem sie sich im Ökoteich des Pfarrgartens bei einer legendären Party mit dem Abry freigeschwommen hatte, verstecken zu spielen, obwohl man ihren Späßen nur mit Mühe hinter einigen Bäumen entkommen konnte. Die Natur wurde so ganz gut Untertan gemacht und wir hatten wieder Zeit für Projekte. Eins ließ sich in einem gefundenen Heidehaus an und galt mal wieder "Arbeitgeschäft". Dafür kam sogar der Abry mit seinem schnellen himmelblauen Auto, das vor allem wegen seiner Bügelantenne viel Neid genoß. Manchmal stiegen auch hübsche Mädchen wie Julia aus und tanzten unter strenger Lippenkontrolle durch die Botanik, was Jan als VNP-Veteran hingebungsvoll überwachte. Dieser und andere Eingeborene unserer Zusammenkunft ließen sich nicht lumpen und boten Kai und Abry und allen anderen aus Respekt vor den Asphalterfahrungen der Stadt ausgiebige Exkursionen durch Wald und Flur. Leider konnten die namentlich Erwähnten an ihr Asphalttalent nicht anknüpfen und bewältigten nur den Flur problemlos, bevor sie im Heidesand Tempo verloren, um dann im Moor endgültig stecken zu bleiben.

So zogen sich die Wanderungen hin und man hatte viel Zeit zum Nachdenken, was von einigen dahingehend genutzt wurde, daß sie sich den Weg zu merken versuchten, andere dachten über Liebe und Wikingerhochzeiten unter priesterlichem Vollzug von Kai begleitet durch den Laute schlagenden Abry nach, wieder andere fanden Gefallen an Purzelbäumen und Heidegeistern, die man so manchem Touristen bei Nebel gerne hätte angedeihen lassen mögen. Irgendwann kehrte man immer aus dem Totengrund zurück zum Haus des bärtigen Jägers Rauchkraut-Horst, dessen Frau uns mit selbstgewürgtem Rehgulasch entzückte. War man von diesen Strapazen auferstanden und der Bärtige mit seiner Frau nicht zu Hause, konnte die Projektwoche mit von Bauernlümmeln geliehenen Instrumenten im Wohnzimmer Gestalt annehmen. Die Form der Marmeladensession entstand durch Kai und Abry, weil sich der Rest nicht mit dem heimtückischen

Rhythmus anfreunden konnte. Deshalb zogen wir Restlichen als Freunde leichter Jazzmusik betroffen in die Dorfdisco, um bei unserer Rückkehr die noch immer lustig lärmenden Protagonisten zu erschrecken. So entstand ein tolles Stück.

Es mußten logischerweise auch Lebendauftritte, besonders in Elektrizitätswerken, her, die "Arbeitgeschäft" unter Einsatz von Leib und Seele vorwiegend Unbeteiligter und diverser Frühstückszerealien zur Speisung und Beruhigung der Anhänger taktisch klug platzierte. Keiner konnte davon so richtig leben. Darum wurden auch noch ein paar australische Backfishandchipsfotos unters Volk gemischt. Ob diese gerufen hatten oder wie auch immer, es kam zur magischen Nacht.

Eines Abends standen zwei schwesterliche Lichtbildobjekte, und zwar von der besonderen australischen Sorte "Nicky und Marie", lifehaftig vor meiner Tür. Nach den ersten zwanzig Herzrhythmusstörungen stellte ich das verfängliche "G'day mate" ein und wurde mir geistesgegenwärtig meiner prekären Situation als Zwangsromantiker bewußt, denn ich hatte kein Candlelightdinner im Haus. Es gab nur eine Rettung, wenn ich nicht völlig mit Schande bedeckt werden wollte, die Flucht nach vorn und mit den Mädels in den "Don". Es dürfte jedem klar sein, daß ich auf den Bermudadreieckklassiker setzte, der einen ganz unerwarteten Erfolg hatte. Nicky und Marie waren erstaunlich munter und entzückt, obwohl Kai wieder mal rar war und sich verborgen hielt. So war es irgendeinem Frank gelungen, aus einem meiner Verstöße gegen die Goldene Regel Kapital zu schlagen und sich an ihre hübschen Fesseln zu heften. Glücklicherweise regelte Drang-Ede das mit dem alten Franky-goes-to-Hologramm-Trick, und die Mädels konnten mit mir unerkannt schnell zum Hansaring durchbrennen. Da wir nun schon da waren, drangen wir in die 127 Höhlen des Löwen ein, und uns wurde wider Erwarten aufgetan, und es wurde ganz heftig aufgetan von Kai selbst. Welch ein Zauber von diesem Moment ausging und ob der gute Geist von Ute, die mit Kai in Küchenunion lebte, daran beteiligt war, weiß ich bis heute nicht zu beschreiben. Kai schickte mich nicht wie mit anderen Damen zu Michele, der schon zu hatte, sondern ließ uns ein. Er bewirtete uns mit fürstlicher Musik und löslichem Kaffee, was eine ähnliche Stimmung hervorrief wie wenn sich Hänsel und Gretel Hand in Hand aus dunklem Wald herausführen. Nun kam es zum Tabubruch. Kai offenbarte uns, was er im Geheimen angerichtet hatte, die Proben seiner Kunst, die sich auch teilweise in diesem Buch wiederfinden. Wir waren ergriffen von der Gunst der Stunde, die so ca. 2.30 Uhr war. Es erschütterten mich zwei Wellen. Eine klatschte mir klar vor Augen, daß ich alles andere von Kai geglaubt hatte, und die andere ließ mich alles Hänseln im Munde verschlucken. Von da ab sah ich die Welt mit blauen Augen, wie sie ist, und versuchte die Ambiguität zu dressieren. – Eine ganz besondere Dressur fand später einmal um 1994 in einer kleinen Galerie mit Olli, Gondi, Pizza, Bier und Whiskey unter Zeremonienmeisterei von Kai und strengen Augenbrauen statt. Hier trafen Welten aufeinander und wurden kombiniert. Ein weiterer Kunstgriff sollte es sein, mir Frau und Kinder anzuhängen, nachdem wir uns von Hanosri mit Reistee, der leider nicht allen vergönnt war, hatten verwöhnen lassen. Aber das waren dann schon Zeiten, in denen jeder mehr oder weniger offen, heiter bis wolkig seiner individuellen Neigung nachgab, was fast zu einem Versinken des Bermudadreiecks in geistige Sphären führte. – Nicky, Marie und ich verließen Kai voller Liebe in der Schwellen-phase des Morgengrauens und strebten hoffnungsvoll dem Sonnenaufgang über dem östlichen Nippes entgegen.

Passion und Dilemma

Anke Kempkes

"Jetzt guckt euch die an. Die hatten sich schon länger von dem Zustand gelöst. Also bevor sich alles aufzulösen schien in einer Welt.

Sie wollten eine Maßnahme treffen, die ihnen die Angst vor einer Auflösung dieser Welt nimmt. ... Da haben sie sich damit auch eingestehen wollen, daß ihr Denken sehr oft ganz wahnsinnig extrem verlief. ...

Es war nämlich nicht so bei denen, sich nur ein bißchen in die eine oder ganz andere, ganz entgegengesetzte Richtung zu begeben, eine gefährliche, sondern fast immer ganz schlimm darin. Also da haben sie plötzlich ein gutes Gefühl dabei gehabt, bei etwas was sie sonst ekelte. Man ist eben nicht nur das Eine, und die, die so eigenartig zielstrebig vorgingen, fanden sie eh oft widerlich genug. Daß wohl auch bei anderen ähnliches herrschte, konnten sie nur annehmen, wo es aber verschwiegen wurde. Jetzt gefiel ihnen das selbst erworbene Extreme auch, und gleichzeitig machte es sich selbst im Kopf zu einer Macht breit. ...

Sie war nicht mehr halb abstrakt halb nachgefühlt, sondern alles im Körper zog nach. Das hatte dann die eigentliche Möglichkeit mit dem guten Nachvollziehen umgestürzt. Es erstreckte sich schließlich zu einer völlig radikalen, subjektiven, esoterisch politischen und anthroposophischen Haltung, die den Körper ganz enorm mitnahm und die seelische Verfassung schüttelte. Und nach so einer psychischen Anstrengung folgt eine Entladung physischer Art mit dem Kotzen ins Licht hinein."

Kai Althoff, "Reflux Lux" (1998)

I.

Erster Raum: Die Ausstellung "Reflux Lux"

Ein sonorer Dreiklang hallt durch den Raum wie ein verzaubernder Gongschlag, der das Betreten einer Sphäre ankündigt, in der ein anderes Gesetz waltet. Das gedämpfte Licht des kleinen Raumes ist erwärmt von weichen Gelbtönen, die eine positive, freundliche Stimmung verbreiten, aber das halluzinatorische Potential in sich zu bergen scheinen, plötzlich in einen giftigen, beißenden Ton umzuschlagen. Zwei ausgestopfte Puppen mit rötlichem langen Haar in abgenutzten Kordhosen und Turnschuhen liegen in einer arrangierten Zimmerecke ausgestreckt auf dem Boden. Die eine Figur hat sich übergeben nach dem Spaghetti-Essen, dessen Reste in braunen Steinguttellern eintrocknen. Die Szene wirkt wie ein groteskes Trauma, das einer Siebziger-Jahre-Jugend – vielleicht die von Kai Althoff selbst in der Kölner Peripherie, ein kryptisches Setting für eine nordrhein-westfälische Version von "Der Eissturm".

In früheren Szenerien hatte Kai Althoff eine märchenhafte Jugendwelt entworfen, die sich utopisch deuten ließ und leicht hippieske, bohemistische Züge eines alternativen Lebensstils trug. Die Hingabe an zurückliegende Ästhetiken ermöglichte es, sich in wiedererfundenen Stilen eine eigene idealisierte Vergangenheit zu erschaffen, aus der sich die Wirklichkeit nähren konnte. Diese selbsterschaffene Welt bildete aber auch ein Reservoir für den Künstler, aus dem er seine epischen Bilder gewinnt, die den Zustand des Hier und Jetzt reflektieren. Ihre Kraft ist es, nicht in Deutungen aufzugehen. In ihnen herrscht eine fast bedrohlich ruhige, resistente Zeitlichkeit.

"Reflux Lux" jedoch schien wie ein Wendepunkt, ein Stadium der Überreizung und der inszenatorische Eintritt in eine Sphäre der Dilemmas. Die hedonistische, romantisch-juvenile Welt Althoffs verkehrte sich in ein nach innen destruktives, hoch ambivalentes Szenario. Die zuvor visionierte kollektive Intensität kippte auf einmal in etwas Bedrohliches, Radikales, von einer abstrakten Macht Geleitetes um. Die früheren schönen Spielgefährten mutieren zu monströsen Gestalten, zu bemitleidenswerten oder bösartigen, anziehenden und zugleich abstoßenden Freaks.

Der Text Althoffs zu "Reflux Lux" ist das Äquivalent der räumlichen bebilderten Anordnung. Er hat Teil an einem Gesamtentwurf, ist ein "Textkörper", in dem die Auflösung der körperlichen Umrisse, der physischen und seelischen Integrität laut widerhallt, selbst in der Lesebewegung körperlich spürbar. Der mit dem Text erzeugte Affekt ist eine Doppelung der bildlichen Erfahrung. Durch das düstere Temperament im Schreiben Kai Althoffs fühlt man sich an das historische Spektrum Antonin Artauds erinnert, an dessen Forderungen nach einer neuen mytho-poetischen Sprache im "Theater der Grausamkeit", in dem Bedeutungen der volle sinnliche Raum gegeben werde sollte und das Denken eine größere Ausdehnung gewinne. Artaud nahm die "Grausamkeit" zur Not auch als Motiv wörtlich, aber sie galt ihm vor allem als ein notwendiges und unumgehbares Prinzip, neue Bedeutungen freizusetzen. Er wollte sie über die äußerste Verdichtung der Bühnenelemente, der Freilegung verschütteter, illegitimer Sprachen und Körperausdrücke und mittels Humor und Anarchie zur Wirkung kommen lassen. Ein grundlegendes Moment des Eintritts von "Grausamkeit" sah Artaud aber auch im Schöpfungsakt selbst. Der Formgebungsprozeß, schrieb Artaud, ist "luzid", ist das Böse, das selbst ein dauerndes Gesetz ist: "Das Gute befindet sich stets auf der Außenseite, doch die Innenseite ist ein Böses."[1] Das "Theater der Grausamkeit" soll die Gewalt gesellschaftlicher Zwänge und Notwendigkeiten duplizieren und neue Bedeutungen und Verknüpfungen eröffnen.

In Kai Althoffs Werk findet sich ein ganz ähnliches "Brechen" an den äußeren Notwendigkeiten, etwa den vulgären Dynamiken des "Betriebes" im Verhältnis zu den eigenen alternativen Lebensvorstellungen[2] und dem Akt der Formgebung, der Positivität im Verhältnis zu der eigenen nervösen, hypersensibilisierten Verfaßtheit, woraus Althoff eine ganze Reihe von Figuren und Szenarien gewinnt, in denen es um den Umschlag der unschuldigen Gemeinschaft in einen teuflischen Verlauf geht. Das "Böse" wird so zum motivischen Spektrum seiner Figuren selbst, die dann monströs werden, wenn in ihnen das Gute und das Bösartige ununterscheidbar werden.

Althoffs kleine Erzählung bringt nicht mehr Licht in die Identitäten der Figuren, um die es hier geht, als die Installation von "Reflux Lux", die ein Raum voller angedeuteter Geschichten ist. Jedes sich anbahnende Bild bleibt gleichsam in der Schwebe: Zarte Bilder, die nur Silhouetten umschreiben, mit orange Filzstift entlang einer Lichtprojektion gezeichnet, zeigen junge glatzköpfige Fahnenträger, dann eine Ansammlung von Köpfen, die kollektiv in die Höhe schauen, auf einer nächsten hauchdünnen Zeichnung zwei Personen mit einem Transparent auf Stöcken. Gegenüber hängt ein flüchtig mit braunem Strich skizziertes Aquarell, das zwei junge Männer in derben Stiefeln zeigt, die sich – burschikos ineinander verhakt – auf ein Spitzdachhaus zu bewegen, das undeutlich von Büschen oder lodernden Flammen umgeben ist. Schließlich sehen wir an einer anderen Wand eine schlecht kopierte Wiedergabe eines Fotos von Männern, dandyhaft gekleidet im Safari-Stil, das einer YSL-Kampagne der siebziger Jahre entnommen sein könnte. "Inhalte" scheinen hier wie Nachbilder auf. Es stellen sich Assoziationen zum Tagespolitischen und zu Medienbildern her. Besucher der Ausstellung sahen in den jungen Burschen etwa Neonazis und fühlten sich an den rassistischen Übergriff auf das von türkischen Mitbürgern bewohnte Haus in Mölln erinnert. Aber könnte es sich nicht auch um ein homoerotisches Spiel zweier junger Männer in einer ländlichen Idylle handeln? Bilder von Demonstrationen, wenn ja, für welches politische Lager? In der Unbestimmtheit der Codes, die Kai Althoff hier entfaltet, stolpert man über die eigenen nachwirkenden Vereindeutigungen, die vor dem geistigen Auge ablaufen. Sie wirken fortwährend dialektisch weiter, ohne eine Lösung zu bringen, während das Gesehene im Raum sich immer mehr verrätselt. Die Kraft des interpretatorischen Zugriffs wird zusehends labiler, und man ist bereit, sich dem hypnotischen Raum und seiner paranoiden Bildlogik zu übereignen.

Althoff betreibt hier eine bildpolitische "Photosynthese", die giftige Schönheiten hervorbringt. Trotz oder gerade auf Grund der paranoiden Unbestimmtheit der Bilder geht es um Sehkompetenzen, um eine regelrechte Sehschule: Die Bilder sind nicht mehr einfach lesbar, die Codes nicht gesichertes Wissen. Es gibt vielmehr unerwartete und perverse Verknüpfungen und Ungleichzeitigkeiten von Stilen, Gebärden und Ausdruckszusammenhängen. Die Bilder werden zu brüchigen neuen Bedeutungsfeldern. Damit ist keinem Relativismus, keiner Willkür der Deutungen die Tür geöffnet, denn dazu ist der Raum zu stimmungsgeladen, zu geschlossen und labil.

Es geht vielmehr um die Aufnahme, Verdopplung und Entkernung einer bereits vorhandenen gesellschaftlichen Dynamik, in der sich zuvor radikal widersprechende oder gar ausschließende Überzeugungen, Lebensstile und Einstellungen zusammenfallen. Will man im Neuen die überlebenden und mutierenden Bedeutungen des Alten erkennen, dann muß man die Möglichkeit quälender, repressiver oder transgressiver Inkohärenzen der Codes zunächst erlauben.

In diese exemplarische Rolle versetzt sich Kai Althoff als ein alternativer "Seher", der diese widersprüchlichen Ordnungen disponiert und sich ihnen zugleich ausliefert. Althoff versucht sich so als politisches Subjekt zu entwerfen, ohne eine bestimmte politische Identität anzunehmen oder sich als souverän erkennende Person zu setzten. Die Bewegung läuft auf eine Introspektion zu, die äußere Einwirkungen unweigerlich in sich aufzunehmen versucht. Althoff widersteht dabei den Versuchungen einer kulturpessimistischen Haltung. Er entwickelt eine Parallelfigur, die ich als eine "konkrete Melancholie" bezeichnet habe.[3] Diese vermag genau jene Bilderrätsel hervorzubringen, die von semantischen Umschlägen zeugen, da sie Verluste und äußere Situationen in sich integrieren. Eine ideologische Bestimmung ist hier nicht mehr möglich.

Als eine schimmernde und zugleich auch abstoßende Resistenz-Figur entwarf Althoff einen "Nein-Sager": eine kahlköpfige Figur in einem Overall mit diabolisch hochgestelltem Kragen, aus der ein Hammer oder eine Sichel anstatt eines Arms wächst. In den Augenwinkeln trägt sie eine Bemalung wie die eines Glamrock-Stars. Die Zeichnung ist überschrieben mit einem "Nein" in einer weichen Seventies-Typografie. Diese monströse Figur ist eine ambivalente Pop-Kreatur, die ein ästhetisiertes "Nein" spricht. Und so besitzt das angehaltene Szenario im gelben Raum von Kai Althoff die Schönheit einer aufrechterhaltenen Komplexität, die ein Sich-Aufhalten im Kaum-Aushaltbaren erzeugt.

II.

Zweiter Raum: "Ein noch zu weiches Gewese der Urian-Bündner"

Ein Jahr später entwarf Kai Althoff einen zweiten Raum, der ebenfalls von einer Erzählung begleitet wurde, die wie eine Fortsetzung des Schicksals der "beiden" aus "Reflux Lux" wirkt. Aber der Ton ist wesentlich dunkler, der Verlauf fataler. Die Figuren haben jetzt ein eindeutiges Geschlecht: zwei "junge Männer", die außerhalb der Zeit leben. Sie haben sich der Teufelssekte der Urian-Bündner verschrieben, deren Kult sich um die "Ausübung des Bösen zentriert". Der Urian ist lange tot, aber seine große "Praxis" der "Führer, Mittelständler, Phasenwucherer und eifrigst schlürfenden Adepten" läuft weiter. Es gibt kein Zurück mehr für die Bündner, deren

Welt eine andere Stofflichkeit hat, "ein unbeschreibliches Gas aus mikrofeinen Flusen mit höllischem, bestialischen Gestank". Sie halten sich in verzweigten Räumen aus Beton auf, in denen nichts Weiches mehr zugelassen ist. In verzweifelter letzter Hoffnung formen sie aus den Resten eines Teppichs, der die Gänge zuvor noch auskleidete, "Engel", "Ikonen der Gnade", aber die bieten auch keine Erlösung mehr. Die Bündner degenerieren zusehends, sie leben in einer absoluten Ganzheit "aus dem ungeheuren Potential von Bosheit", Grausamkeit und Häßlichkeit.

"Da verändert sich der Körper und die Sprache geht endlich und wird zu einem säuerlichen Gurgeln und Sausen und Summen von für uns unvorstellbarer Intensität. Dann ist's gut: Das war anzustreben ..."

In der Installation arrangierte Althoff hinter den lebensgroßen "Teppich-Engeln" auf einer Wand kleine mit Plakattempera gemalte Papierarbeiten, auf denen sich junge Männer in wilden Gebärden und mit verzerrten Gesichtern winden. In den Motiven sind Gewalt und ein homoerotisches Begehren unlösbar körperlich verzahnt. Sexuelle Anziehung und Faszination paart sich mit getriebener Bosheit, bedingt sich möglicherweise. Sie mündet in Szenen der Geißelung, Folter, Sadismus, Perversion, ist aber immer nach innen gerichtet. Wie aber kann man die Wiederkehr des Bösen in der männerbündlerischen Erotik in Althoffs Arbeiten auffassen?

Wie schon in "Reflux Lux" und in den Buntstiftzeichnungen "Uwe: Auf guten Rat folgt Missetat", in denen junge Handwerksgesellen, die wie romantische Märchenfiguren aussehen, mit mehr oder weniger direkten Gesten reaktionäre Gesinnungen etwa im Hitlergruß entäußern, stellt Althoff immer wieder eine Verbindung her zwischen homosozialen Gemeinschaften, deren Zusammenkünften etwas Bedrohliches anhaftet, jugendlicher Delinquenz, die erotisch aufgeladen ist, homoerotischem Begehren, das sich auch auf das Böse richten kann, und dem "Ultra-Bösen", der Nazi-Symbolik.

Für dieses ambivalente Kontinuum gibt es eine Reihe von Vorläufern wie die Romane von Jean Genet, Pier Paolo Pasolinis "Salò o le 120 giornate di Sodoma" und Kenneth Angers Queer-Underground-Film "Scorpio Rising". Althoff scheint sich in diese historische Linie homosexueller Topoi zu stellen, auch wenn seine altertümlichen märchenhaften Settings kulturell so anders verortet wirken. Hierin liegt kein wirklicher Widerspruch, denn Althoffs Szenerien, Kostüme und Dekors und sein Zeichenstil sind in hohem Maße schwankend: Mal wirken sie wie mittelalterliche Illustrationen, mal wie Szenen von Otto Dix oder George Grosz, mal wie die bizarren Karikaturen von Horst Janssen, ohne aber jeweils die Entstehungsmilieus dieser Vorgängerstile weiter zu bemühen. Wenn es bei Althoff einen Stil gibt, dann ist es der, diese höchst und manchmal unangenehm beladenen vergangenen Ästhetiken zu "bewohnen", die kaum jemand in der aktuellen Kunst hervorholen würde.

Pasolini, der die Verbindung von Faschismus und homosexueller "Perversion" noch vor dem Hintergrund der konkreten jüngeren Geschichte der Greueltaten in Mussolinis einjährigem Rumpfstaat in Norditalien verstanden haben wollte, wurde damals bereits heftigst kritisiert. Roland Barthes bezeichnete Pasolinis fatale Ineinssetzung von de Sade und Faschismus als einen "zweifachen Irrtum", gilt doch de Sades Werk als ein hoch abstraktes Geflecht der Texturen der Perversionen und nicht als wörtlich auszuschlachtendes Szenario. Aber auch von schwulenpolitischer Seite wurde diese Ineinssetzung Pasolinis immer wieder als diskriminierend kritisiert.

Bei Genet finden wir eine andere Perspektive. Seine Liebe für den Außenseiter, den Underdog und Landesverräter, den Schergen und brutalen Opportunisten, für die schönen Mörder, auf die wir in Andy Warhols "Most Wanted Men" wieder treffen, war eine gelebte Form der radikalsten libidinösen Anarchie, die all das umarmt, was die bürgerliche Gesellschaft entsetzt, bis zum größten Übel, dem Nazi. Aber Genet praktizierte auch eine Art messianischer Sublimation, in der er sich selbst völlig zu entmachten trachtete und gerade den Feind einschloß in den Kreis der Begierde. Diese messianische Selbstinszenierung findet sich auch bei Althoff, wenn er sich den als unerträglich empfundenen Gegebenheiten vollkommen andient:

"Ich krieg so ein stolzes Gefühl über mich und denke ich bin ein Gesandter in so einem Sinne. Weil ich jetzt z.B. alles aushalten könnte."[4]

Kenneth Anger hingegen wandelt in dem schwarzen Biker-Road-Movie "Scorpio Rising" (1963) an der Grenze zwischen Faszination und Abscheu gegenüber der von ihm entworfenen Spirale einer in Gewalt und Nazi-Parolen mündenden schwulen Subkultur, deren Protagonisten die hypermännlichen Biker-Rebellen imitieren und schließlich im Sumpf massenkultureller Überreizung sich im Zustand vollkommener Entfremdung, aber auch einer letzten großen Orgiastik vorfinden. Die Nazi-Embleme in Angers Film sind jedoch weit entrückt von ihren politisch-historischen Ursprüngen. Sie sind entmachtete Insignien in einer Welt des Junk, deren Signifikanz des Repressiven als frei besetzbares nihilistisches Zeichen zirkuliert, ähnlich wie später im Punk.

Althoffs Gebrauch solcher Zeichen und Gebärden des Nazis oder Neonazis als tollendem wüsten Kerl sind vergleichbar abgelöst von ihrer historischen Signifikanz. (Wenngleich diese weiterhin als Erinnerung mitschwingt in den beizeiten "altdeutsch" wirkenden Szenerien und Kostümen, die aber immer doch nur Phantasien sind.) Das Signal, das Althoffs ambivalente Bildordnungen aussenden, ist das des Monströsen im Angesicht des semantischen Umschlags und Ununterscheidbar-Werdens der Bedeutungen von "gut" und "böse", von Gewalt und Begehren. Wie und wo immer dies geschieht, erscheint es als eine grundsätzliche, unhintergehbare und dynamische Struktur des *Dilemmas*.

III.

In den großen Räumen, in "Reflux Lux", den "Urian-Bündnern" und in den "Stigmata aus Groß-mannssucht", hat Kai Althoff, wie wir gesehen haben, eine ambivalente Bedeutungszirkulation und Motive der Ununterscheidbarkeit entworfen, ein Denken, das bis in die Darstellung einer einzelnen figürlichen Geste im Bild hineinreicht. In neueren Arbeiten, der Bildserie "Impulse" etwa, kommt der Gebärde eine immer eigenmächtigere Bedeutung zu, was sie noch grotesker macht. Religiöse Motive wie der Christus am Kreuz, die Sphäre des Klösterlichen, Anklänge an Peter Bruegel d. Ä. und an eine muffige Kirchengruppen-Ästhetik vermischen sich mit einer eigenwillig drastischen Karikaturistik: deformierte Gestalten, Freaks mit großen Kinderaugen oder ein trauriger Greis mit einem eklig vernarbten Mund und übergroßen verrenkten Händen in einer kraftlosen, kryptischen, onanistischen Bewegung. All das sind Szenen in sich gekehrter, rührend-monströs angenommener Dilemmas. Die neue Welt Kai Althoffs ist belebt von hochbe-schadeten Kreaturen in elegischer Ruhe, wie die kleinen Mönche, die mit vorwitzig zusammen-gesteckten Köpfen mit dem Rücken zum Abgrund stehen.

Kaum einer hat sich so systematisch der Kraft der Geste gewidmet wie der Künstler, Romancier und Philosoph Pierre Klossowski. Und auch wenn bei Klossowski die Geste eine Mittlerin zwi-schen Sprache, Text und Körper ist und diese kühle Behandlung so gar nicht zu der anekdoti-schen Expression Kai Althoffs passen mag, lohnt es sich dennoch, den Auffassungen Klossowskis in diesem Zusammenhang zu folgen:[5] "Die Gedankenwelt in den theoretischen Demonstrationen meiner Bücher ist deshalb dunkel und abstrakt, weil sich mir ursprünglich etwas so Konkretes und Unerklärliches aufdrängte, wie es einzig die beharrliche Vision einer Gebärde sein kann."[6]

Bei Klossowsi ist die Gebärde eine "Pantomime der Geister", die visuelle Obsession der stummen Geste. Sie gehört dem Bereich der "Trugbilder" an. Ähnlich wie in Althoffs Zeichnun-gen sind die Gebärden Klossowskis immer mit einem "Dilemma" behaftet: Sie sind grob fehler-haft, wie eine Diskontinuität in der sprachlichen Syntax, oder wie in Althoffs neueren Arbeiten beschadet: "... der Körper ist zu Gebärden fähig, die das Gegenteil von dem zu verstehen geben, was sie bezeichnen. Zum Beispiel: Ein Arm stößt einen Angreifer zurück, während der andere Arm wartet und ihn zu umarmen scheint. Oder eine Hand stößt zurück, kann dies aber nicht tun, ohne zugleich das Handinnere darzubieten. Und dann das Spiel der Finger, ausgestreckt die einen, die anderen gekrümmt."[7]

Diese Positivität, die ins Auge springende Haltung der Hand und der Finger, bezeichnet Klossowski als eine "in der Schwebe gehaltene Geste", die sich auf die Identität der Figur überträgt, diese gar aufzulösen vermag. Diese so inszenierten Gesten sind in ihrem unzureichenden absurden Anblick Platzhalter, die den Blick zwingen, an ihren Ort zurückzukehren. Der Akt der Betrachtung verdoppelt und vervielfacht sich. Die hohe Uneindeutigkeit, die wiederkehrende Befragung der Figur, das sind auch zugleich Momente gedanklicher Abstraktion, der wir in den Arbeiten Kai Althoffs selbst im expressivsten Antlitz begegnen.

[1] Vgl. auch: "Etwas wie ursprüngliche Bosheit herrscht im Lebensfeuer, in der Lebensgier, im ungedachten Drang nach Leben: das Verlangen nach Eros ist eine Grausamkeit, denn es verbrennt Nebensächliches. (...) der geschlossene Raum ist erfüllt von lauter Leben, und jedes stärkere Leben geht durch andere hindurch, frißt sie also auf in einem Massaker, das eine Verklärung, ein Gutes darstellt." Antonin Artaud, "Dritter Brief über die Grausamkeit", in: Das Theater und sein Double, Frankfurt am Main 1969, S. 111f.

[2] Diedrich Diederichsen bezeichnete dieses Selbstverständnis auch als das einer selbsternannten "subkulturellen Elite". In: "House of Style, Diedrich Diederichsen on Kai Althoff", Artforum, Nr. 11, 1996

[3] Vgl. A. Kempkes, "Reflux Lux", in: springerin, Band IV, Heft 2/1998, S. 63

[4] "Kai Althoff. Stigmata aus Großmannssucht", Köln 2000, S. 4

[5] Ich folge hier besonders der Interpretation von Gilles Deleuze in: "Pierre Klossowski oder Die Sprache des Körpers". In: Sprachen des Körpers. Marginalien zum Werk von Pierre Klossowski, Berlin 1979

[6] Pierre Klossowski, in: Kat. documenta 7, Band 1, Kassel 1981, S. 7

[7] "Sprachen des Körpers", a.a.O., S. 43

So bringt diese Identifikation des Gegenstandes des Theaters mit allen Möglichkeiten des förmlichen, Ausdehnung besitzenden In-Erscheinung-Tretens die Vorstellung einer bestimmten Poesie im Raum hervor, die ihrerseits mit Zauberei eins wird. ... Unter diesem Blickwinkel magischer Nutzung und Zauberei muß die Inszenierung betrachtet werden, nicht als Spiegelbild eines geschriebenen Textes und jener Projektion körperlicher Doubles, die aus dem Geschriebenen hervortreten, vielmehr als leidenschaftliche Projektion all dessen, was an objektiven Konsequenzen aus einer Gebärde, einem Wort, einem Ton, einer Musik sowie ihren Kombinationen untereinander gezogen werden kann. Diese aktive Projektion kann nur auf der Bühne geschehen, und ihre Konsequenzen können nur vor und auf der Bühne gefunden werden; der Autor aber, der ausschließlich geschriebene Wörter gebraucht, hat Platz zu machen und muß ihn räumen für Spezialisten dieser objektiven, lebendigen Zauberei. (Antonin Artaud)

Holistisches High
oder Send-Brief von erträumter Befreiung und geliebter Wirkungskraft der verhängnisvollen Gaben und Dinge und Nicht-Dinglichkeiten und dem Angebot, ganzheitlich verwickelt zu werden
Jutta Koether

... a moment to create an atmosphere, become play ... (X.B.)

Es ist nicht zu überbieten und doch nie ganz entwickelt. (K.A.)

Ich will mich so gerne versöhnen/mit allem was es gibt/ich will so gerne einmal Alles sein/und rühr´ somit am Werke ... (Workshop)

I.

All das hier wird eine komplexe Inszenierung des Theaters der Ausstellung und des Künstlers als Akteur sein. Sie handelt von praktischer Kunsterfahrung entzündet an dem Beispiel Kai Althoff. Und von einer Kunst, die selbst ihre Erfahrungsdimension immer mitzudenken vermag, nicht um Bilder zu unterdrücken oder zu dekonstruieren, sondern um ihre Bestimmung zu ändern. So daß Kunst auch dauernd und immer wieder neu als etwas anderes funktioniert. Natürlich interessieren mich diese Vorgänge. Und daß mit ihrem In-Erscheinung-Treten ein Künstler-Ich intensiviert, kultiviert, wieder aufgelöst wird, sich also in einer permanenten Performance befindet. Daß da einer am Werke ist, das alte Versprechen einzulösen, daß jedem Wesen mehrere andere Leben vergönnt sein könnten. Daß es da schöne Kunst gibt, die uns einem Chaos etwas näher bringt. Daß das Aufgeführte die Erregung über die Befriedigung stellt und sich alsdann daran macht, Verfeinerungsweisen zu erfinden. Kein Wunder also, daß dies alles so extrem attraktiv erscheint, auch da, wo es sich um die malträtierte Oberfläche eines Bildes handelt oder Figuren, die in ihrer eigenen Kotze liegen, also den malträtierten Betrachter.

So also guck ich mich um in KA´s Werk, verhalte mich beobachtend, versuche zu lauschen, zu absorbieren, im Hören und Sehen und Fühlen. Wobei es natürlich passiert, daß man in das Terrain der Selbsterforschung, der Beschwörungen, der Alles-Ist-Möglich-Zustände im Guten wie im Bösen rutscht. Daher ist es für mich angebracht, den Sachen des Künstlers und den Sachen, die ihn möglicherweise veranlaßt haben, Stück um Stück nachzugehen. Ich habe nur solche Beispiele ausgewählt, die ich mit eigenen Augen sah und erlebte, und die bei mir etwas veranlaßten. Ich mag es, wenn ich etwas finde an diesen Orten, wenn mich etwas anrührt und seltsame Verhältnisse zu der ganzen Geschichte eingehen läßt.

Das macht es durchaus möglich, daß meine Eindrücke zu vage oder seltsam gefiltert sind durch dieses Gesehene. Aber ich glaube, daß es genau das ist, was passiert in KA´s Werken, daß man in etwas verwickelt wird, einem etwas erlaubt wird, etwas, das dem experimentellen Sein den Vortritt vor dem analytischen Tun und Machen lassen kann. Eine Erinnerung an diese Möglichkeit zumindest.

Es ist schon was her, 1997, ich erinnere diese sehr unspektakulären Stellwände in grau in der Ausstellung bei Anton Kern, als die Galerie noch auf dem Broadway war und nur aus einem Raum bestand. In dem Raum standen sie herum wie sich leicht unwohl fühlende Gäste, und man konnte sich als Besucher der Ausstellung zwischen ihnen herumbewegen, ein wenig streunen, sich aber nicht setzen. Man wußte nicht so recht ob Stellwände oder Trennwände. Ob das eine Materialskizze für ein Labyrinth oder Typen von Arbeitsplatzeinheiten für ein Büro sein sollten. Physisch eigentlich nicht besonders gewichtig, machten sie dennoch den Hauptteil der Ausstellung aus. Setzen sich in den Raum wie ein Fragezeichen, das alles in der Schwebe zu halten scheint. Füllen sich mit Möglichkeiten. Wie dahinter erscheinende Gegenüber. Die Ausstellung war "Hilfen und Recht der äußeren Wand (an mich)" betitelt. Dazu gab es noch Wandbilder und statt des normalen Pressetextes ein nur auf den ersten Blick hermetisches Statement, gezeichnet mit dem Namen Konrad Schickedantz, das eigentlich ziemlich genau beschreibt, was los ist: "this retreat which behind its silence holds euphoria: one can create one´s own environment becoming oddly self-laden with one´s own important sphere, which waits to have its turn."

Jedes Teilelement der Ausstellung (Installation, Wandbilder, Pressetext) hat so ganz und gar gegen alles verstoßen, was man gemeinhin so "macht" bei einer Ausstellung in New York – sie ignorierte die lokalen Gebräuche und Verkaufstechniken wie eine erklärende Skizze zum Inhalt der Ausstellung, wie Soundbites, Zitierbares. Sie verweigerte auf unauffällige Art die einfache Prozessierung von Kunst, ohne jedoch von Verweigerung oder Protest oder so etwas zu sprechen. Das gefiel mir gut. Da dachte ich, der hat Nerven und der kennt all seine Seltsamkeiten und Spleens und Nervositäten. Sich so ungerührt zu geben und gleichzeitig auf Rührung im Inneren anzuspielen. Ohne offensichtlich selbst – als Künstler – in Aktion zu treten, hatte dieser Charakter, der die Stellwände-Installation angerichtet hatte, einen Erkenntniswillen heraufbeschworen. Man darf aber jetzt nicht an einen lauten Impresario denken, nein, dieser Charakter sprach leise. Das hat man doch schon mal gehört, die leise eindringliche Stimme, die macht, daß man eben ganz genau zuhören muß. Bevor man sich überhaupt mit dem Inhalt befaßt, wird schon ein spezieller Antistil-Stil klargemacht. Eine Abschirmung, eine formale Dichte und ein holistisches High. Das war eine interessante Erfahrung. Ja, so sinnlos und so unendlich. Gezeichnet von den Möglichkeiten des Autismus und der Intersubjektivität. Später dann habe ich noch daran gedacht, daß die Stellwände ein Selbstporträt des Künstlers gewesen sein könnten. Eines, das sich freigibt zum Channeln in dem Sinne wie der Künstler KA die Person Konrad Schickedantz gechannelt hat. Zwischen den Stellwänden ließ ich mich anstecken, ließ ich den Prozeß progressiver Spiritualisierung von Kunst auf mich wirken. Ja, in KA´s Kunst finden sich dazu noch so einige Gelegenheiten.

II.

In Köln. Da war ich zu Besuch. Station machen während dieser nie endenden Passagen. Station machen, in einer Installation. Ich sah die Ausstellung "Hakelhug" in der Galerie Nagel 1996, damals in einem bürohaften, eher beengten Raum, den Kölner Ring übersehend. Und doch, das rührte mich sehr. Hakelhug war eine Art künstliche Erdung. Eine erfundene Künstlerperson aus dem Raum Köln, die wiederum eine Art (Faux)-Medium bildete. Denn ein Moment wird da plötzlich zu einem anderen, ribbelt auf. Komische kleine Gegenstände in komischen Räumlichkeiten. All das ließ ziemlich vergessen machen, daß da Kunst im Spiel ist. Das ist vielleicht alles ziemlich wässrig. Die Stimmung dieser Ausstellung war weich und die Sachen schienen aus einer anderen Zeit zu sein. Der Sisalteppich, bunt Gehäkeltes, Wollfäden unter Glas, die kleinen Tonfigürchen. Artfakte, von einem supra-sensitiven Wesen zurückgelassen, ausgesetzt von dem fiktiven Provinzmaler, dem jungen Sonderling, dem Hippie-Gespenst, ein Stück zerzauselter Lebensentwurf. Auch hier sind verbogene Fragezeichen über seine Existenz gesetzt, aber ganz viel wird in der Schwebe gehalten. Frei gebliebene Relikte. Oder wie eine kleine Ausstellung von Bastelwaren, die von einem Jugendheim oder einer Schule oder einem Freizeitclub wegge-reist ist in eine andere Welt. Die sich ganz geben, sich ganz ergeben in einen künstlerische Pro-zeß, als wenn das möglich wäre, so absolut, so anhaltend. Es wurde aber eine Stimmung erzeugt, verwuschelt, ein bißchen unbestimmte Erdfarben. Ich erinnere auch viel Grünliches, ich werde den Muff der Kölner Innenstadt nicht davon trennen wollen. Eine Beziehung herstellen. Kunst mit magischen Mitteln. So hat sich um seinen Namen und den Hakelhugs etwas gewickelt. Ich fand, da war sein Leben eine Performance, Körper, die sich in die Welt hinausbegebend Krisen verursachen. In dem Jahr war es auch, daß KA mit nacktem, ringelig bemalten Oberköper rau-chend auf einer Matratze vor einem Plattenspieler saß und Musik vorstellte. Das war die Prä-sentation von "Ashley´s", dem experimentellen vor-Workshop Musik-Werk von KA, dessen Cover ganz oft ausfaltbar ist – die weiter gesponnenen Phantasien eines Plattensammlers, das "endlose" Plattencover, das Zeichnungen trägt, die mit Filzstift gemacht sind und an kunstvolle Arrange-ments auf Schulheften erinnerten. Befreiungsphantasien in braun, orange und violett, im Stile der späten sechziger Jahre. Erwachsenwerden. Herauf-Erkennen. Da guckte ich auf diesen dünnen Körper und dachte, da ist eine Kunst als Politik, die von Befreiung handelt? Und ganz seltsame Ausdrucksweisen waren von da an auch erlaubt. Und die Vorführung wirkte als Initiationsritual. Ja, wie schön. Mehr Magie! Das ist´s.

III.

So finden sich die Zeiten und die Mittel zu sagen, was man zu sagen hat in den Übertragungen in verschiedene Gestalten. Kunst als Architektur von einem Selbst als einem Künstler-Selbst als idealem und fiktiven sozialen Außenseiter und dem Bildermacher als ontologischem Star ... was auch immer es war ... es machte viele verschiedenartige und in verschiedenen Techniken prä-sentierte Bilder zu einer erfahrbaren Tatsache. Ich bin, glaube ich, vier bis fünf Mal in die Aus-stellung "Impulse" gegangen. Auch diesmal wirkte "Kick den Sinn". In dem großen, garagenhaften Raum der Galerie Anton Kern in Chelsea, New York, Ende 2001 gab es eine vielteilige Anordnung von Bildern, rundum gehängt, relativ kleinformatig, in einer einem kommunizierenden Kopf ent-sprechenden Größe. Es waren sehr unterschiedlich gearbeitete Oberflächen, einige Bilder gemalt, geschüttet, versiegelt, Zeichnungen, die zu auf Holz aufgezogenen Fotos und dann lackiert zu Bildern gemorpht waren. Weil es sich ja nicht einfach um gemalte Bilder handelte, wollte man diesen Umstand mit der Umschreibung picture-paintings beschreiben. Es war die kunstvoll durchlöcherte Idee von Malerei. Jedes Bild besaß eine Untergrabung/Zerstörung/Kommentierung von Gemaltem. Auch Echos und Schatten von Andachten, komischen Momenten, überraschenden, skandalösen Ausbrüchen. Gewalttätiges und Kontemplatives, Orakelhaftes, gefunden und erfunden. Denen ist was anzusehen, durch viel sind die hindurchgegangen. Stück für Stück von der Wand gelesen, verlangen sie, daß ich mich in jedes einzelne vertiefe – in Charaktere, Geschichten, Gefühle, Farben, Oberflächen. Die wirken wie Stimmen aus anderen Zeiten und bunt illustrierten Jugendbüchern, Postkarten, gezeichneten Szenen. Sie wirken als ob – anders, ewig, seltsam, wie viele von KA´s Sachen gleichzeitig anonyme, aber handgemachte Illustrationen im allerweitesten Sinne von Momenten politischer, sozialer, religiöser oder sexueller Vorgänge, von Ausbrüchen, Befreiung, Unterdrückung, Gelächter und viel Erstaunen. Nicht immer froh, aber oft verwundert sind die Gesichter. Meistens sehen sie auch jung aus. Seltsam, da ist immer etwas von Zeitreise drin, von stilistischem Trip – die Stile rangieren von 19. Jahrhundert bis zu den siebziger Jahren – ideelle Wiederkehr. Da scheint eine besondere Beziehung vorzuliegen zwischen dem Objekt und dem, der es hergestellt oder zu seinem gemacht hat. Sieht man die Abstrakten an, die sich kontrapunktisch zu den Figurativeren verhalten, wachsen die bei intensiver Betrachtung zu seltsamen Erinnerungsbildern aus, von den Krisen der anderen gespeist und angeregt, geschüttelt, voll von Rissen und Geheul, das Innere nach oben geschwemmt, in eine Landschaft sich ergießend. Fettig, flohmarkthaft, anrührend. Und man sieht es ihnen an. Sie haben viel durchgemacht, sehen manchmal alt aus, sind zersplitternd, halb zerhämmert, zermürbt von all dem Zermürben der Image-Fiktionen. Ah, da will man in abstrakten farbigen Suppen ersaufen.

Es war wie zu Gesang und Lärm zusammengeschmolzene Materie. Es war positiver Vandalismus, ausgedrückt in speziellen Manierismen. Wie in einem Ritual habe ich die Ausstellungen mehrmals angesehen. Ich war so froh: Durch sie war dargelegt, wie extrem und offen Malerei geworden war in diesen Tagen. So sinnlos und unendlich das In-Erscheinung-Treten von Bildern. Es war alles auf eine melancholische Art agitatorisch. Besonders die eine Skulptur, die nicht in die Mitte des Raumes gestellt war, sondern nah genug, daß man als Galeriebesucher eben nicht geradewegs zu den Wänden laufen konnte, sondern erst mal in das Auge des Schwertes gucken mußte

IV.
Skulpturen: zwei aufeinander gestellte Stühle, zwei, die miteinander einen Balanceakt ausführten, der – augenscheinlich – stützend gehalten wird von einem ziemlich großen Schwert. Alles in

New York gefundene Waren, die in diesem Ensemble wie ein Überbleibsel wirken, die Skulptur als halb-improvisierte Geste, wie ein Stehenlassen nach weiterhin nicht erklärten Ritualen. Vielleicht auch ein Porträt des Zeremonienmeisters für diese Show. Ich versuchte auch nichts weiter darin zu sehen. Sie erinnerte mich daran, daß es darum ging, ein Vakuum stehen, das Fragezeichen stehen zu lassen. Daß da nicht plötzlich nur "der Maler" aufgetaucht war. Das war eine ganzheitliche Affäre. Die Wände mit den Bildern, die Skulptur, das Foto zur Einladung und jedes Element waren Teil der Geschichte und davon, daß Stimmung und Geschichten sich ausbreiten können, Sachen, die dauernd auch als etwas anderes funktionieren. Eine aufgeladene Stimmung überträgt sich. Es ist die Aufregung darüber, daß da etwas ist, das gleichzeitig ein Vakuum und Inhalte beschwören kann. Es hilft, wenn man diesen Balanceakt nicht als authentischen vorführt, sondern dafür eine andere Gestalt verantwortlich gemacht wird. Manchmal äußert sich die Gestalt skulptural.

Auch sehr eingeprägt haben sich bei mir die "Engelskulpturen", seltsam drapierte, gerollte und aufrecht gestellte Teppichbodenware (in der Galerie Nagel in Köln 1999, in Räumlichkeiten, die ebenerdig waren und sehr nach einem allgemeinen Showroom aussahen). Diese Skulpturen waren Teil einer vielteiligen, viel-elementigen Installation aus Fotos, Zeichnungen und auch dem Text "Ein noch zu weiches Gewese der Urian-Bündner". Darin wird gesprochen von der verstümmelten Erinnerung, die man in einer Ikone der Gnade ... mit einem aus Teppichauslegware gerollten "Engel" sicherstellen könnte ... das ist da, wo er sagt: "So ist es eben alles am Anfang noch aufgehangen wie bei einem gut gelungenen Schulprojekt. Es ist nicht zu überbieten und doch nie ganze entwickelt. Aber irgendwann wird es die richtiggehend wuchtigste Angst in das kleine blöde Leben schleudern, mit einer gewaltvollen Umarmung, die alles bisherige übertrifft, und dann wird es plötzlich zu Berufung, deren stinkend lähmende schmerzhafte Gärung in die EWIGKEIT hinein eine Schande für 'die Erlösung' sein wird, die wir kannten."

Ich mochte, daß da einer diese Sachen schreibt in einer komischen Sprache, wie in altertümlichen Chroniken oder dem Gestammel von Jugendlichen oder wie Jacob Böhme bei dem Versuch zu beschreiben, was in den Menschen "die Essenz und den Willen zur Gestaltnis" gibt. Und wie man möglicherweise ins Herz der Dinge blickt, nicht als Blick auf ein passives Objekt, sondern ein sich in verschiedenen Ausdrucksarten äußerndes Du. Ich erinnere auch andere aus gefundenen Materialien hergestellte Gestalten, die aus Pappe geschnittenen und bemalten Figuren aus "Modern wird lahmgelegt" – steif, in ihren Posen verharrend, dennoch die Verhandlung mit Raum und Inhalt aufnehmend. Oder in "Reflux Lux" die tragikomischen Personen-Pup-

pen, die infolge einer Verzweifelungsekstase oder einem Besäufnis an der eigenen Kotze
ersticken. So lagen sie also rum in diesem extrem gelben Gehäuse, mit noch einigen anderen
Accessoires, die auf den Lebensstil und ihre Gedankenwelt hingewiesen haben.

V.

Ich mag die Vielheiten und Nuancierungen in den Männerbildern in KA´s Werk. In "man´s face at
dark background", "man w/ laughing head", den Fußball Spielenden, Kreuze Tragenden, Star-
renden, Ausgeschnittenen, Soldatischen, Heranwachsenden, Dünnen, den ruhig Blickenden,
dem Gestörten. Ich sehe diese komplizierten Bilder auch in den Texten und besonders in der
neusten Workshop-CD mit dem Titel "Es liebt Dich und Deine Körperlichkeit ein Ausgeflippter".
Und sieht man sich dann dazu das Video zum Lied "Erfüllung" an, dann sieht man, daß dieses
Posieren als ganz köstlich Aufgeführtes aber auch ohne alle Ironie dargeboten wird. Darin ist
diese sogenannte zeitlose Dimension. Junge Männer, die aussehen wie eine moderne Version
von D.H. Lawrence oder Junglehrer für Physik oder Mathematik. Das machen diese Haarschnit-
te, Pullover und Hemden und wie die Kragenspitzen aus den Hemden gucken. Ein subtil aufge-
ladener Formalismus. So laufen die an einer schönen Stelle am Rhein herum und singen und
spielen. Da kann man auch an ein Folk-Duo aus alten Zeiten denken. Will man anfangen
Referenzen zu suchen, wird man immer fündig in den sechziger und siebziger Jahren, da entstanden Folk/Pop/Ästhetiken mit progressiven, androgynen Bildern von Körper und Geist und
deren massenhaftem Scheitern.

   Das aus einer Art kollektiv halluzinierter Ekstase kommende und in Ernüchterung hineinlap-
pende Erwachsenwerden, flankiert von Ideen über Drogen, Kulte, Dichtungen, lokale Beschaf-
fenheiten. Das sind die Ingredienzien, die Knetmasse und Farbigkeit werden, die diese Charaktere, die Verängstigten, die heruntergespielten Diven, die kecken Jungs erscheinen lassen. Das
ist alles extrem künstlich. Er benutzt andere Künstlichkeiten. Erinnerungen an Künstlichkeiten,
die etwas bei ihm ausgelöst haben. Auch sehe ich direkte Verwandtschaften zu anderen
Selbst/Männer-Bildern, zu hellen und dunklen von Egon Schiele über Pierre Klossowski bis Paul
Thek. Aber auch solche zu Design, Teppichen, Stoff- und Sexualitätsmustern, Wandfarbenaus-
wahlen. Daraus entstehen Verwandtschaftsnetze. Es gibt aber nie speziell einen Bezug zu einem
Namen, einem Inhalt. Es unterscheidet sich von anderen Aneignungsverfahren, es gibt keine
eindeutigen und auch nicht nur auf eine Zeit bezogenen Zitate. Er geht den eigenen Neigungen
in vielerlei Richtungen nach, mit Vehemenz und Nachdruck und Hunger, poetischem Trödel,

Nostalgien, Spitzfindigkeiten der Stile, rührt daraus eine Melange, die vielleicht genau diese geheimen Kräfte freisetzen, die das Leben verwandeln könnte. Und wenn das nicht, dann regen diese Methoden wenigstens an, sich auf die Suche zu machen. Die neuen Geschichten vom jungen Mann, der Künstler wird. Die Melange, das Pulver für die Magie. Falsche Magie. Wasauchimmer. Und wenn es nur ein Hauch davon ist, dann ist's schon reichlich. Ah, diese Möglichkeiten, das Unmögliche zu tun ... wie der Versuch, das zeitgenössische Bild zu finden. Läßt zu, daß Kunst und Künstler wirklich mal wieder komplett miteinander verstrickt sind und sich so in allerlei Zustände treiben lassen können.

VI.

Zu dem Künstler KA gehört auch sein kompliziertes und lang währendes Verhältnis zur Musik. Wie Familie, lokale Anbindungen, Orte der Erinnerung, Freundschaften, ist die Musik seiner Person mit ins Leben gegeben. Das führte zu dem Bandprojekt Workshop, DJ-Aktivitäten, Musik als wiederkehrendem Detail in Installationen.

So sollte man die Musik und die Kunst nicht durcheinanderbringen, aber auch nicht unbedingt nebeneinanderhalten zum Vergleichen. Es gibt sie natürlich, die ästhetischen Momente, mal taumelig, trancig, mal konkret gezeichnet mit Kontur und leicht pastelligen Schraffuren in Zeichnungen, auf dem Blatt oder wie in der Musik in den Riffs und Rattern. Ja, irgendwo ist da ein seltsam verbindlicher Ausdruck. Aber indirekt. Im Unterton. Oder Oberton. Folk-Künste von den Kinderbüchern, Wandbehängen, Plattencovern und den Liedermachern. Experimentelle Künste von der für jeden Kölner jugendlichen Musikinteressierten und besonders für Kai wichtigen Band Can in einer Tradition sich dem Populären geöffneten Künstler-Alchemisten (von Beuys bis Polke, aber auch Lausen, Edelmann, Buthe). Nun, die Töne sind von extremer Subtilität. Bis zur Benommenheit ästhetisierte Texte, die von existenziellen Situationen, gewalttätig bis ekstatisch, handeln – die ganze Palette ausgebreitet. Ich sprach mit einem Freund darüber, und wir stellten fest, daß Workshop mit jeder neuen Platte mit noch spitzeren Stimmen gesungen hat. Und wir freuten uns bei dem Gedanken, wohin sich das noch steigern ließe. Geht das überhaupt!?

Über verschiedene Charaktere, die zusammen Musik machen wollen und eine Band haben, geht es in dem Videofilm ("Aus lauter Haut"), den Michaela Eichwald, Jens Wagner und Ralf Schauff zusammen mit KA gedreht haben. Gezeigt wird darin all dieses Zeug und Elend und Gerede, das um das Machen von Musik herum und mit den Leuten, die sich in der Formation "Band" zusammentun, geschieht. Der Film zeigt auch, wie es ganz langsam doch zu etwas kommt, daß da ein Formulierungswille auftritt, und man leidet mit bei seiner Geburt ... bis es schließlich zum Stück kommt ... endlich schafft es die Band zu spielen, und obwohl man gar nicht sagen kann, daß da irgendetwas gelöst sei, merkt man doch, daß dieser kollektive gekonnte kleine Aufschrei ein gute Sache ist, denn er stülpt das Schema um. Eine Stimmung von Dringlichkeit und Ernsthaftigkeit erzeugt schließlich Erfolg. Der aber implodiert in einem Moment des Alles-Ist-Möglich! Trotz der Umstände, der Widerstände in den Leuten selbst, in denen, die sie spielen oder zu spielen glauben, der Instrumente.

VII.

Nun möchte ich noch von "Aus Dir" sprechen. Denn das war diese Installation/Ausstellung (in der Galerie Daniel Buchholz in Köln, Sommer 2001), die einiges von KA so ausdrücklich darstellte, alles zusammenbrachte. Da war eine Inszenierung der mentalen Räume des "Ausgeflippten", eine begehbare Erinnerung, aber in der Gegenwart, denn es lag ganz physisch in der Anordnung ein tatsächliches Angebot vor, sich in diesen Räumen aufzuhalten, sich hinzusetzen. Ein Kunstwerk mit Funktion.

"Aus Dir" lud ein mit einer blakeanischen Bleistiftzeichnung gedruckt auf pastell-rosa Papier. Irgendwie forderte das einen auf, alles Wissen und alle Erfahrung und allen Irrsinn in diese Ausstellung hineinzuschleppen. Gleich neben dem Eingang rechts gab es einen Abstellspalt mit Fahrrad auf trockenem Laub. Es gab einen auf neonfarbenes Papier gedruckten Text auf einem Vorsprung ... es gab einige Poster, die an freundliche Mahnungen "moderner" kirchlicher Organisationen erinnerten. Von einem Band spielte eher leise Musik der deutschen progressiven Electronic-Musik-Pioniere Popol Vuh. Der Hauptraum der Ausstellung hatte eine gesenkte Decke und das allgemeine Ambiente/die Stimmung/die Erinnerung an eine dieser offenen Teestuben, wie sie die christlichen Kirchen in Köln besonders in den siebziger Jahren einrichteten. Die "andere" Gemeinschaft anbietend, die Hilfsangebote für die möglicherweise gefallenen Jugendlichen anbot, aber auch Raum wurde für Phantasien, für neue, vielleicht gar nicht geplante Gemeinschaften, Paarungen, Praktiken, Drogenexzesse. Der Raum war in einem hellen Grün bemalt und hatte eine mit Teppichboden ausgeschlagene Sitzrampe mit kleinen Abtrennungen ... hallo Stellwände. So war das auch ein Meditationsraum. Man konnte re-fotografierte Fotos mit vielen Bedeutungen sehen (Klosterzellen, Leben in der Gemeinschaft) und fotografierte Zeichnungen, einen ganzen Haufen bunter Kerzen auf dem Boden, die man entzünden konnte, Aktfotos von sich selbst, diese aber etwas versteckt vom Zweigwerk, das ohne Wurzel und massiven Stamm zu sein schien, aber vom Boden bis zur Decke ging. "Aus Dir" war reichlich und forderte einem viel ab, wenn man das wollte. Man kriegt das, worauf man sich einläßt. Es ist eine Aufforderung zur Performance. Zum Eintritt in diese Welt. Wo werden erst mal die Sinne beschäftigt, Sounds, Farben, Gerüche, ein Stimmungsbild, in das man hineinlaufen kann. Da sitzt man dann und wird Teil der Magic?

Da sind seltsame Anordnungen, die Unordnungen beinhalten, um einen zu befreien von den alltäglichen vorgegebenen Gedankenmustern, die aber auch keine neuen vorschreiben. Es gibt kein Manual. Sprachen der Turbulenz drängen leise aus dem Inneren hervor. Inneres, das an seinen Manifestationen im Äußeren arbeitet. Da wurde soviel wieder möglich in diesem Sommer. Die Schleusen für mancherlei Irrsinn öffneten sich. Beharren auf einen unabhängigen autonomen Raum, mittendrin im Gewühl und doch mit allem verhakt. Gedanken darüber, wie man die Realität der inneren zu der äußeren Welt benennt, bezeugt, veranschaulicht. Im Raum liegengelassene Konfrontationen mit dem Absoluten, mit Sex, Gerüchen, Müll, Geräuschen, Farben, Licht. Körperliche Erkenntnis. Kunst, die temporär Trancezustände hervorrufen will, dies aber nicht verschreibt. De-therapierende Therapie. Kunst als Drogentrip. Oder es könnte Liebe sein oder noch was ganz anderes: Ekel, Wunder, Refugium, Zeug. Grünlich. Synästhetisch!

Ganz seltsame Ausdrucksweisen. Ghosts. new age. rheinland.muff.meister.licht. restrituale. kinderspiel. dunkelheit. konturen. reinkarnationen. Distorted staff. erinnerung, eigene und gefundene. schraffuren. große augen. sensible striche. studenten, lehrlinge, junge männer. figuren. schatten. fuck the interpretation. oder geh mal in den wald. für die sieben tage oder mehr. oder an den rhein. ich zog es vor, mehrfach in "aus dir" zu gehen. gefühl. wissen. ich lud auch den Freund, der auf der Durchfahrt war, dazu ein. wir saßen da und befaßten uns mit den halben Trennwänden, dem bei sich und mit dem und den anderen sein. Schließlich ging's auch um das Verhältnis in Gemeinschaften. Mit den Details und den Düften. Es war ein schöner Ort zum Träumen und zum mentalen Morphen. Hah, Leben, endlich de-kontextualisiert! Meine Übersetzung von "Aus Dir" hält an, solange die durchaus sich verändernde Erinnerung daran anhält.

"Die Erregung, die das Werden einer Form mit sich bringt, die Anpassung meiner Stimmung an die Virtualität eines Diskurses ohne Dauer, ist mir ein weitaus wertvollerer Zustand als die Befriedigung meiner Aktivität." (A. Artaud)

Ja, so ist´s mir hier zumute, meine Freunde. Angeregt von KA und anderen wurde dieser Vorgang in Gang gebracht, die Kunst mit dem Künstler und mir, mehr Kunst und anderen Künstlern verstrickt. So wird auch ein Text zur Performance auf der Suche nach dem Holistischen High.

Doch im nächsten Moment schon wird die Bemühung eine anderes Bild gefunden haben. Und das Bild eine neuartige Bemühung. Und so fort ...

Ausgang/Stellwände:

"The human is the being that, bumping into things and only in this encounter opens up to the non-thinglike. And inversely, the human is the one that, being open to the non-thinglike, is, for this very reason, irreparably consigned to things. Non-thingness (spirituality) means losing oneself to the point of not being able to conceive of anything but things, and only then, in the experience of the irremediable thingness of the world, bumping into a limit, touching it. (This is the meaning of the word "exposure")." (G. Agamben)

Seligkeit ist nichts Verheißenes

Michaela Eichwald

Einer hat schon keine Kraft mehr, schaut schmerzlich, der andere peinigt ihn ohne Unterlaß einfach weiter. Was muß der denn getan haben, bei solcher Strafe? Ein Kranker liegt wehrlos im Bett. Kommt ein großer Mann und beugt sich über ihn: Will er weiter malträtieren, er sieht so drohend aus? Wo soll die ganze Malträtiererei hinführen und wo kommt sie eigentlich her? Wo wir doch den ganzen Tag manchmal uns kaputtlachen müssen, besonders Draußen **im Gehen**, und uns eben in der GEGENRICHTUNG auslassen und gehen lassen, doch g a n z in der Gegenrichtung zu Herrschaft und Knechtschaft, Drangsal und Marter: heiter singend und spielend.

Was geht ab hier, was geht ab?

Ansammlungen von brütenden Männern, die einander umarmen oder quälen; in dunstiger Umgebung und nervöser Malerei, dann wieder in geduldiger Illustration ein beruhigendes Fachwerk. Manche so arglos und lieb, wie Unbedarfte sein können, andere Ausgeburten sadistischer Monstrosität. Keine Ekelhaftigkeit scheint ihnen auszureichen, meistens sind es Uniformierte. Übertrieben betont die Attribute wie Stiefel, Hauben, Schärpen.

In letzter Zeit kommt Jesus von Nazareth als Christus öfter vor, sinnbildlich, "einfach" gezeichnet mit Bleistift. Er erscheint dann als der bekannte Schmerzensmann in seinen letzten Stunden, als Gefangener und schon Geschlagener. Entweder er trägt und trägt an seinem Kreuz oder er hängt schon dran. Die Gemeinschaft seiner Anhänger weint um den Verhöhnten, der unter seiner großen Last fast zerbricht und auf Erlösung hofft.

Auf den Gelenkstützen (meine FAVORITINNEN) läuft es weiter aus dem Ruder, indem man hier auf "widerliche Witzchen" setzt, wie um das Ausmaß der Verhöhnung und Erbarmungslosigkeit noch zu steigern. Der "Ort" der Verhöhnung scheint allerdings auch gesucht – ein ächzendes Hin und Her-Ringen zwischen "sich weiden" an und "sich gruseln" vor dem Grausamen.

Inmitten der dichtesten Aquarell-Könnerschaft, Farbsicherheit, Innovativ-Technik – instruktive Mischung von Harz, Papier, Lack, Leinwand, Wasserfarbe beispielsweise – Verhungernde neben Geschlechtsteilen, die wie von Kindern heimlich mit dem Messerchen in ein Pult geritzt wurden. Offene Schädeldecken, Soldaten, ausgemergelte Witzfiguren, klapperige Hintern, Alptraumtölen, schlotternde Aussätzige, Verwundete, Vergewaltigte. Hier scheint die Phantasie grenzenlos, als könne man sich nicht satt sehen und satt denken an körperlicher wie seelischer Versehrung, und alles solle noch abscheulicher werden, um das Helle vom Dunkel gründlicher abzuscheiden. Die Sehnsucht nach dem Rettenden wächst vor solchem Hintergrund der Not gewaltig, das Herz läuft über, es will sich ausgießen und sich schließlich ganz überantworten. (Das ist alles meine Spekulation!)

Der Ausweg dann beispielsweise in Form von Mönchsgemeinschaften, in den einfachen Glauben sich hineinsteigern, das Leben sich als Gottesdienst ordnen und sich an-ordnen lassen, ... erzeugt Stabilität und Gesundheit. Das will ich wohl glauben.

Kar-Stadt

Das Gebiet Bergisches Land und beginnendes Ruhrgebiet ist auf eine berührende und beruhigende Weise hinterblieben in seiner Ausstrahlung. Sofort sieht alles so aus, wie typisch typigut in seinem Kolorit. Direkt und doch psychisch verquer entgegenkommend erinnert es an die Jugendzeit, die hier hoffentlich für ewig stehengeblieben ist, obwohl ursprünglich menschenverachtend von seinen Erbauern geplant und gebaut, zum Beispiel Solingen.

Gehe ich in den Karstadt in einer fremden Stadt, denke ich oft daran, wie Margit Carstensen, die große und schöne Mimin, "KARRRR-STADT – diese Schweine" als Petra von Kant im Faßbinder-Film sagt. Sie sagt es mit lässigem Ingrimm, formlos mondän, mit absoluter unterschwelliger Wut sagt sie es (in meiner Erinnerung): *Karrrrrrrrstadt*.

Der Regen setzte wieder ein in Solingen, es regnete ja praktisch den ganzen Tag. In einer Kurve am Berg kollerten zwei Dicke fast stehend seitlich von ihrem Moped, rappelten sich aber, so schnell sie es konnten, wieder auf. Wir waren schon mittags kurz im Karstadt gewesen, jetzt, spätnachmittags, gingen wir wieder hin.

Im Karstadt war es mollig warm und einsam. Wir verbrachten etliche Zeit, um die Waren zu begutachten. Fotos wurden gemacht; ein ernsthaft blickender Kai inmitten einer opulenten Geschirrlandschaft für eine schwungvolle, lukullisch schwer interessierte Apothekerfamilie.

Die Kundschaft wurde über Lautsprecher freundlich verabschiedet, und bald gingen nach und nach die Lichter aus. Am Ende strahlten nur noch die grünlichen Notlampen schwach. Ein Frieden legte sich jetzt auf das Handelsgut, bleich sah alles aus. Eine große Müdigkeit überschwemmte unsere Herzen. Wir krochen unter einen Haufen aus Steiff-Tieren und ließen uns sanft vom Wachpersonal einschließen.

Ob man sich morgen die hutterartigen Schuhe von Rohde zulegen sollte für weitere Wanderungen im Frühling, das war die Frage im nächtlichen Karstadt. Wie man den kommenden Frühling und die kommende Zukunft weiter mit Wert und Leben aufladen kann.

Du bist doch schon so frei, hast alles, kannst soviel, blabla usw., – was willst Du denn noch? Du mußt nicht flüchten, Dein Leben -- ist kein Fluch. Im Morgengrauen strömten die Heerscharen der Kundschaft hinein, das Leben ging wieder seinen Gang. Es hatte zu regnen aufgehört, und es roch draußen frisch und kalt. Wir verließen den Karstadt und stiegen in den Bus, der uns zurückbringen würde. Während der Bus so durch die Landschaft schnurrte, dachte ich: Die Lutheraner haben sich den Wahn- und Hirn-Glauben angewöhnt, das wahre Gefühl aber, wenn man denn glaubt und glauben will, soll einfältig sein, zutraulich und arglos. "In Gottes Gnade leben, ruhig dabei sein." So heißt es in einem Gedichtteil in "Ja, Herrkenn mich genau". Soll man das denn so jetzt auch nehmen? Ob hier der richtige Gott-Gott gemeint ist?

Ich glaube fast: Ja, es ist alles tiefer Ernst. Ich gehe in dieser Richtung nicht mit.

Haus Segenborn

Demut, o.k., als Kontemplation und Hingabe, Pietät vor der "Natur" des Menschen und, sagen wir ruhig: vor der gesamten beseelten und unbeseelten Natur, freilich als evolutionär Gewordene und Werdende und als Menschenverantwortete.

Die weltliche Geschichte des Werner M., der aufläuft und verkommt, der in hämischer Weise ausgeliefert wird von den Mitgliedern seiner Gesellschaft, aber es auch selbst drauf ankommen läßt und im Strom stehenbleibt. Die Preisgegebenen, Leid und Mitleid.

Das Haus Segenborn gehört zum Dezernat Gefährdetenhilfe und ist eine Nebeneinrichtung des Coenaculum Michaelshoven im oberbergischen Dorf Pulvermühle, Kreis Waldbröl. An vier Wohnhäuser mit 50 Plätzen für "gestrauchelte Männer", das Leben in der Krisis, schließen sich ein landwirtschaftlicher Betrieb mit Viehzucht und verschiedene Werkstätten an. Man muß sich da aber nicht dran beteiligen, wenn man es nicht will.

Man war also wieder tagelang mit den Männern von Haus Segenborn zu Holz- und Aufforstungsarbeiten unterwegs und klettert jetzt gut gelaunt die Anhöhe herauf.

Mal sieht man ihn mit den anderen in der Bushaltestelle sitzen und auf die Hände starren, während die rauchen, mal Zeitung lesen oder Müll einsammeln. Heute saß er stundenlang regungslos neben Arno mit einem Stöckchen am Bach. Dort haben sie die Weißfische unter den Steinen beobachtet und auch zwei Forellen gesehen.

Die Unverwandtheit dieser Leute ist gut. Das will ich.

Ich merke auch, es ist was Richtiges: Nicht nur fern, diffus anrührend, sondern es hat auch etwas Handfestes. Teilweise aber auch unfroh. Gestern gabs furchtbaren Streit um die Zigaretten und nachher sogar fast noch Klopperei um das Fernsehprogramm. Bescheuert. Aber der Tag heute war sehr gut.

Wie der Arno mir seine Möbel gezeigt hat. Oder wie wir gelacht haben, als der Helmuth zu Mittag gekocht hat und fast stehend dabei eingeschlafen wäre. Wenn doch alle es sich leisten könnten, neben ihrer scheußlichen Arbeit auch irgendwas zu machen, was sie wirklich gern täten und wofür andere sie gerne haben oder sich drüber belachen könnten! daß so was mal gefördert würde! und nicht immer nur der blöde Abfack, der tausendfach belohnt wird.

Wenn doch jeder im Leben seiner Entwicklung und seiner "Person" frönen könnte und damit soviel "Erfolg" haben würde, daß er von sich absehen könnte, verstehst Du, nicht nur ängstlich oder gierig an sich kleben bliebe ...

Hier Wenz, unser "Künstler", macht es vor. Ich kenne keinen Menschen, der zufriedener ist und mit seiner unnachahmlichen Art mehr für die Gemeinschaft tut. Dieser Mann war vor sechs Jahren total kaputt und stumm, heute ein großer Volkstümler und Visionär, der gerne singt und Witze reißt. Du kannst alles von ihm haben. Der stellt in seinen Bildern die Eigenart und Empfindsamkeit der Menschen so dar, daß man sich beim Betrachten dorthin versetzt und mit den Menschen, dem Wald, mit allem was sich darbietet, sich e i n e s S i n n e s fühlt. Manchmal spricht er von sich als einer **Figur der alten Ordnung**, die übergehen will, die vielleicht auch untergehen will.

Das ganze triefende Leiden und die Quälerei-Darstellung, das Schinden der Uniformierten auf der einen Seite, der Trost und die "Erlösung" vom Leiden auf der anderen, die Idylle vom Gehalten-Sein, Brüderlichkeit, Unbedarftheit – will ich eigentlich nicht so sehen, das ist nicht so mein Fall. Da muß ich dann doch lachen oder es regt mich echt auf. [Was solls!]

Persönlich interessiert mich: Wie kommt man von der Illustration ins "geistig" Offene, Abstrakte, in das mehr und mehr f r e i A u s f ä l l i g e der Darstellung, die sich doch wieder fängt, und ich weiß nicht genau, worin usw. ... – hur-ne! hur-ne! hur-ne! ang-ang-ang-ang- ang-hann-hannhannhannhann !!!!! Weiter geh´ auf jeden Fall, als die eigenen [ästhetischen] Kategorien Dir hinreichen.

Es interessiert mich ... wie das sein kann, in einem ganzen Raum mit verschiedensten Mitteln die Atmosphäre so dick aufzuladen, dick aufzupumpen auch mit a u s b r e c h e n d e r L a c h e, bis ein Fluidum {aus der heimlichen, inwendigen, gar geweihten Komposition?} ersteht, man weiß nicht woher und wie man da reingesogen wird, in die Intimität, die man ja auch will.

Die erstaunliche Tatsache der Entstehung einer unheimlichen, direkt psychischen Anwesenheit einer Teppichskulptur. Daß es mir so vorkommt – wenn ich mit ihr alleine im Raum mich befinde, daß sie mich zu beobachten scheint, ein Teppich mich durchschaut, der mich (wahrscheinlich) nach Hause mitnehmen will und dort einlullen. Solche an sich toten Gegenstände beseelen zu können, scheint mir die eigentliche Könnerschaft zu sein nicht. Wenn ich angesichts der Weite der Freiheit in der Schöpfung, der Selbstbestimmung ansichtig werde, die ihre Aufgaben angeht und bewältigt, ohne Klage, wieder und wieder, bis ein ansehnlicher Berg "Werk" entsteht, kommt Freude auf. Mir persönlich eher am liebsten ohne Geschichte, ohne Anekdote, allen Stützen enthalten, da nur blau und rot getränkte, an sich völlig widersinnige Drechselarbeiten als Gestell für sich im Raum stehen lassen und als Püppchen auf gebrauchte Allerweltsstühle setzen, das dann "Bezirk der Widerrede" betiteln; ist Eröffnung, Entschränkung.

Nicht blöd, nicht barsch, nicht für andere gesprochen.

Ja zu sagen zu den Schmerzen des Wachstums und auch noch die Zukunft des Kommenden lieben –   dabei DER ERDE TREU BLEIBEN!

O LAND LAND LAND

wie schwer ist das

Im Haus Segenborn heißt es jedenfalls einfach: *reine Lebenspraxis*: Wir lernen, wie man selbst imstande wird sich in die Lage zu bringen, etwas mit Wert und Liebe aufladen zu können. Ja?

Die Seligkeit ist nichts Verheißenes – sie ist da, wenn man so und so lebt und thut.

Farbabbildungen

4

6

7

8

12

13

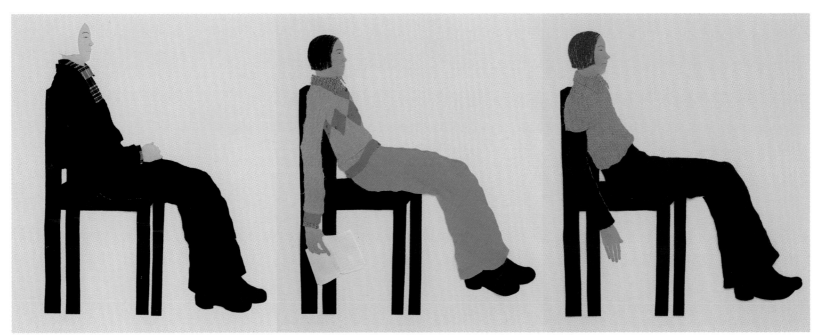

16 - 18

21

Bernd,
Eeric &
Oliver
proben für
"Grenzen am Rande
der Neustadt"

am 21, 22 & 23
April 1994
17 — 21 Uhr
bei
Lukas & Hoffmann
Albertusstr. 4
D — 50667 Köln
Telefon 0221/2574653
Fax. 2574753

22

23

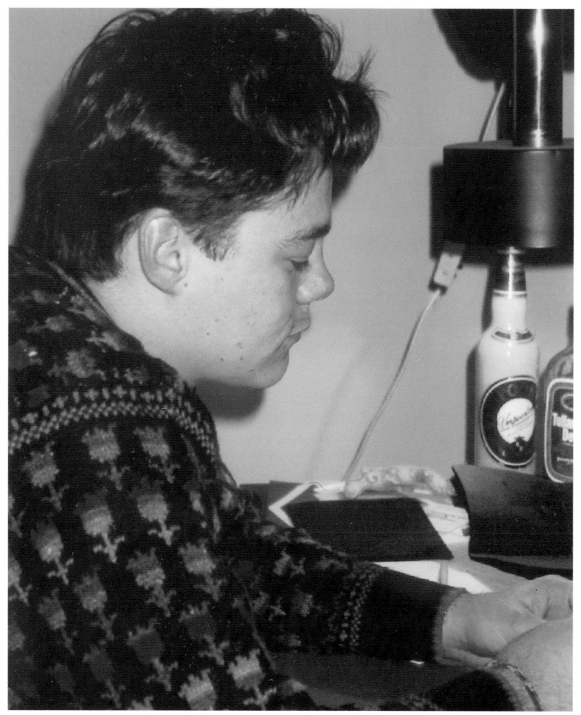

Grenzen am Rande der Neustadt

In der Neustadt, da wo wir wohnen, das ist unser
Bereich. Da kommen selten welche von (Romaney)
rein, und auch selten hält sich einer der unsren
bei denen auf. Da hat sich also eine unsicht-
bare Grenze ergeben, die ganz ohne unser
Wollen entstanden ist. Das hat mit dem Geld
zu tun ~~was~~ unsere Eltern verdienen, und
deren Eltern haben. Viele von uns beschaffen
sich ausgleichendes Taschengeld auf illegalem
Weg: Wir können das verstehen. Und um
es denen aus den reicheren Vororten zu erklären,
war bei uns schnell die Rede von einem
Theaterstück. Es sollte unsere Situation erklären, da wir auf Feindschaft nicht aus sind.
Als sie davon hörten und ihnen durch ver-
mittelnde Freunde ein Exemplar des Texts
gegeben wurde, gab es erneut Streit, weil
unsere Gegner sich plötzlich im Hinter-
treffen mit ihrem Intellekt sahen.
Vielleicht weil sie so wenig Wert auf eine
Verständigung zu nicht als erste gemacht

hatten.
Für einen radikaleren Bruchteil unserer
Freunde in der Neustadt war das der
Anlaß, weisse Grenzen um Häuserblocke
zu ziehen: Es gibt Wegeposten und von
bestimmten Personen aus (Romaney) werden
Zollabgaben gefordert werden.
Die Chancen für eine Aufführung scheinen
arg gefallen zu sein, aber noch sind wir
recht zuversichtlich.

27

34

37

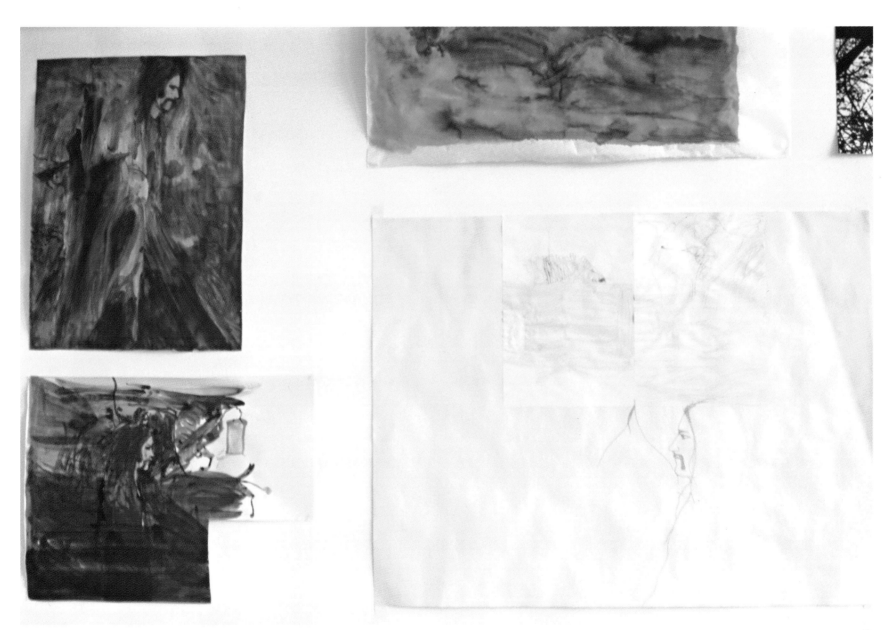

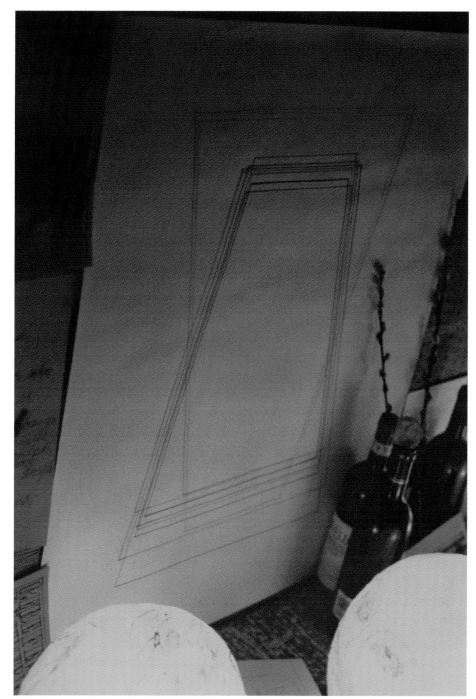

43

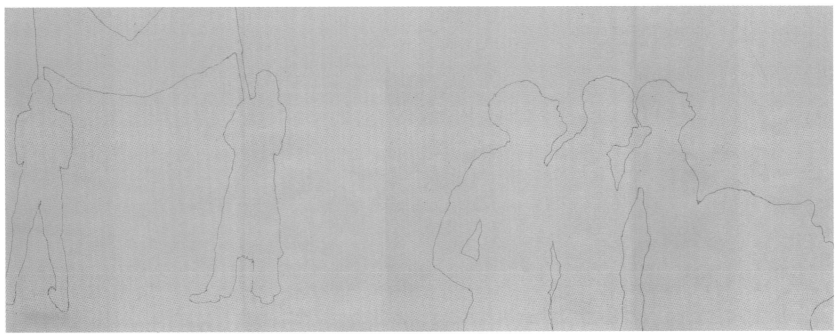

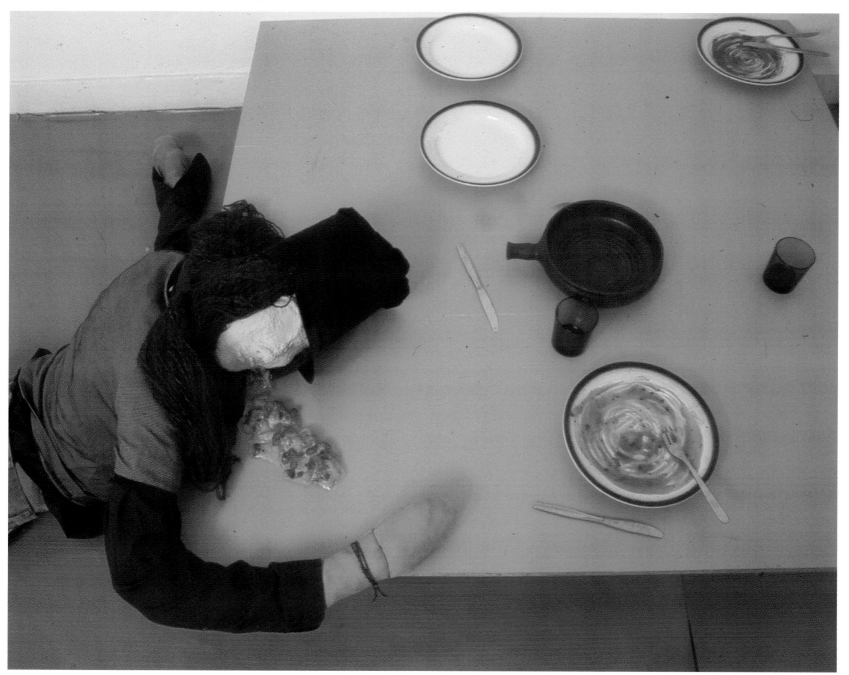

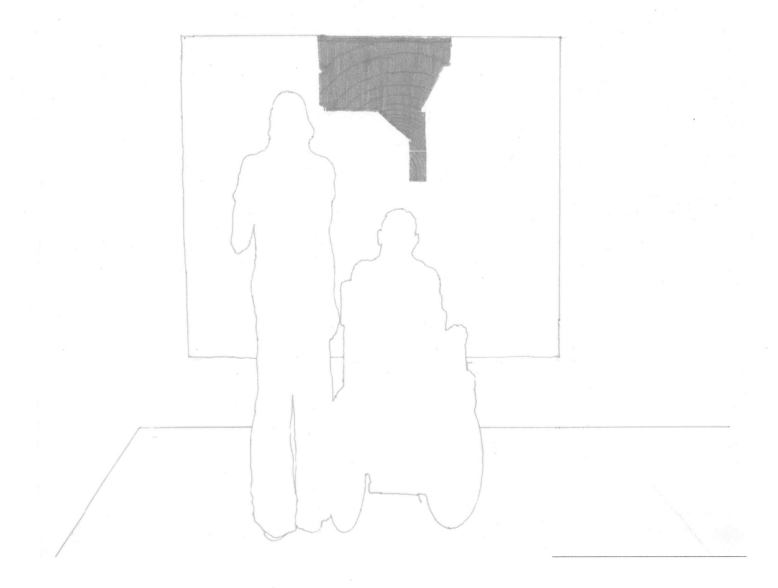

47

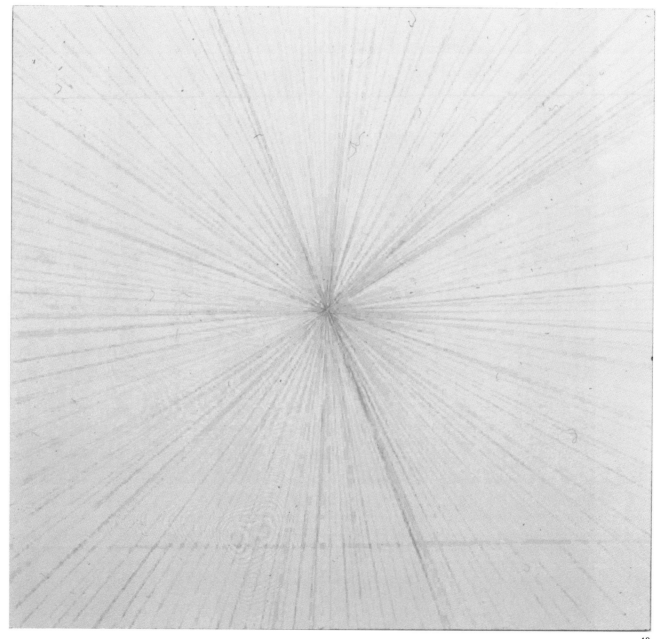

49

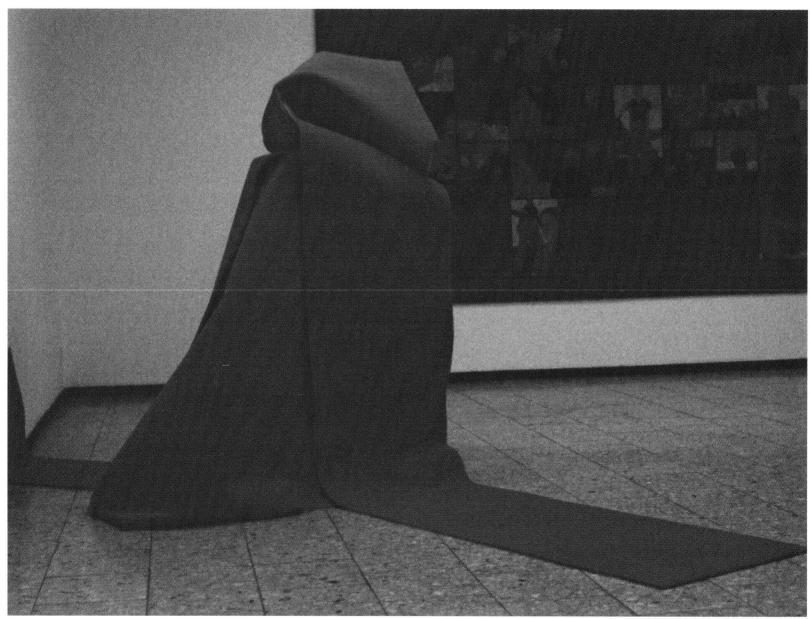

53

54   55 - 58

59

61

62

63

64

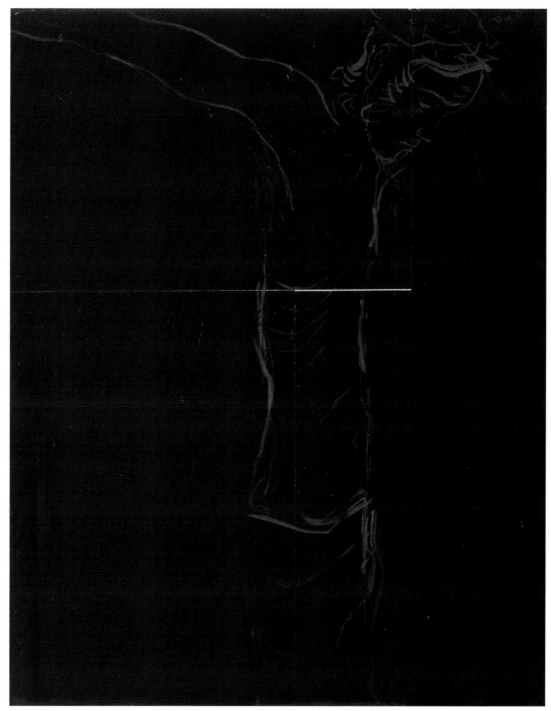

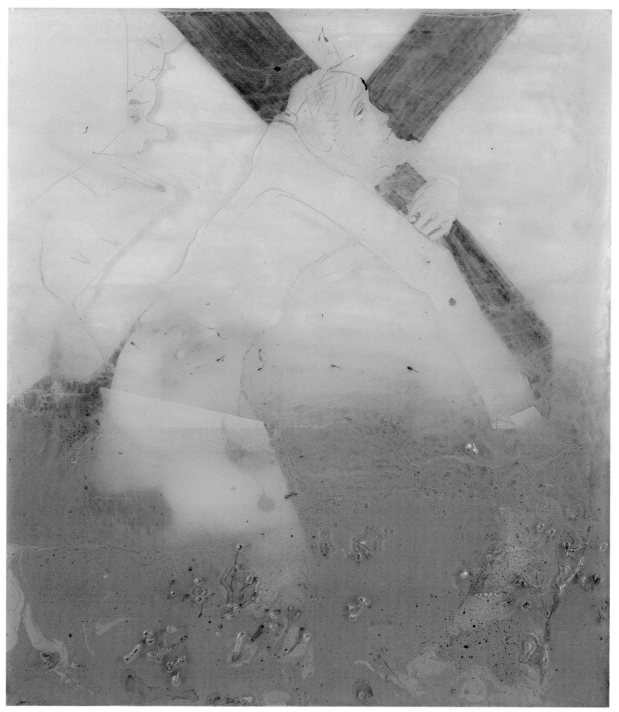

Schwarzweiß-Abbildungen

68

69

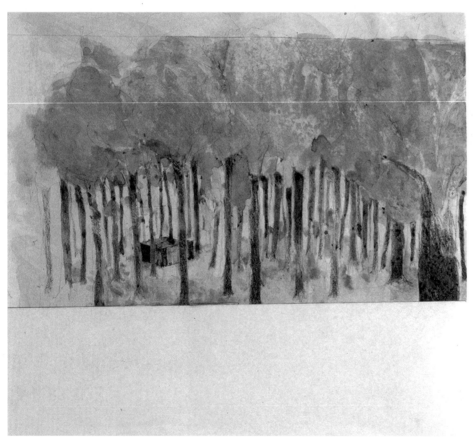

70

71 - 74

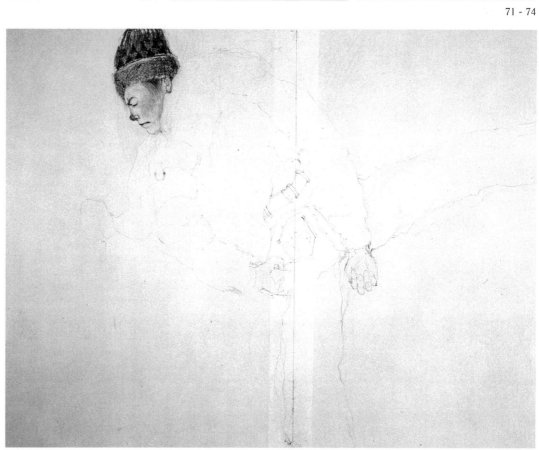

76

77

78 - 80

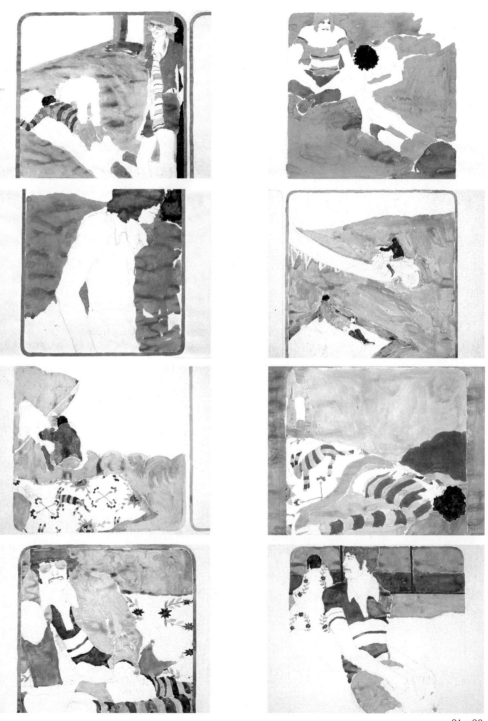

99 - 101

103 - 105

102

106

108

109

110

111

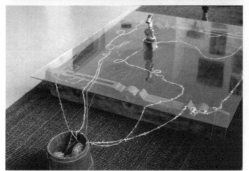

112 - 115

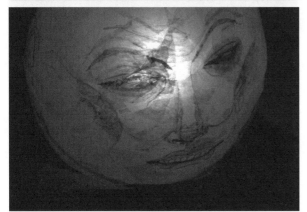
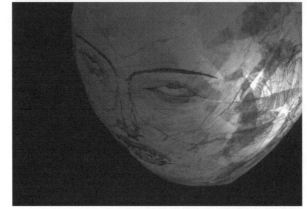

116 - 121

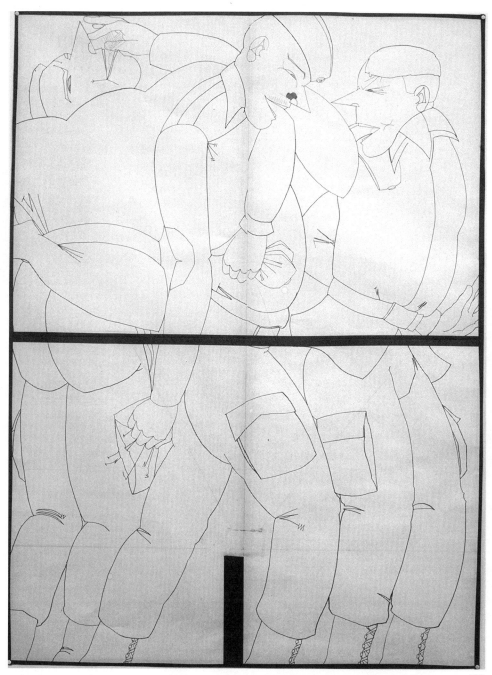

124

123

125

126

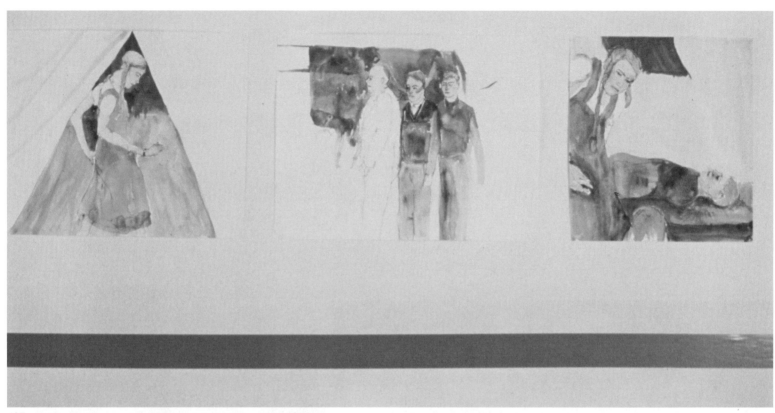

127

128

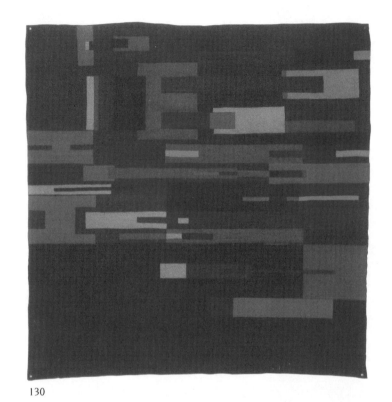

130

131

132

133

134

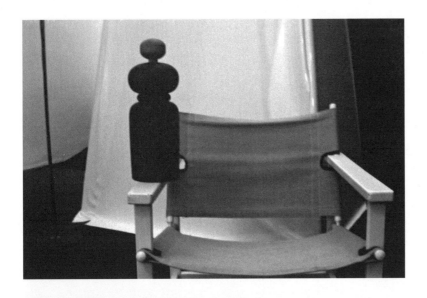

136 - 141

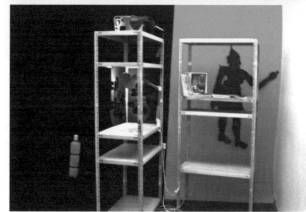

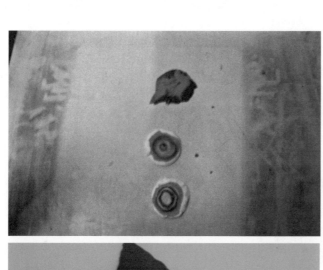

146 - 148

156

157

158 - 161

162

163

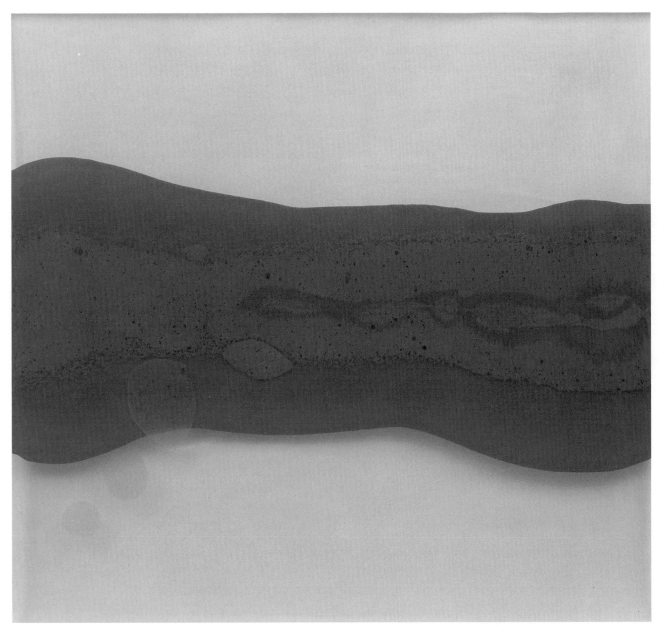

166

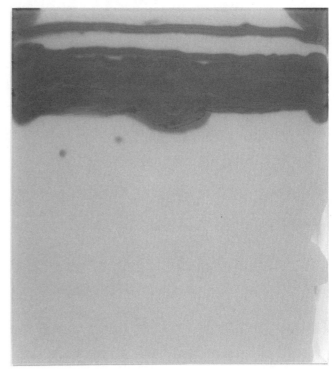

167

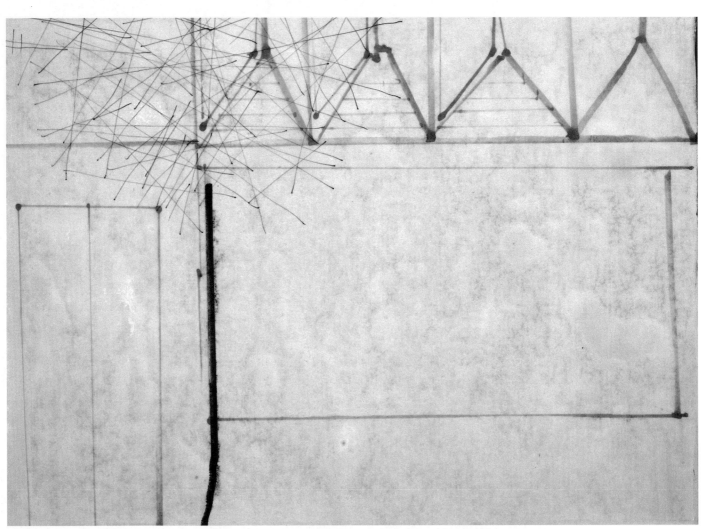

171

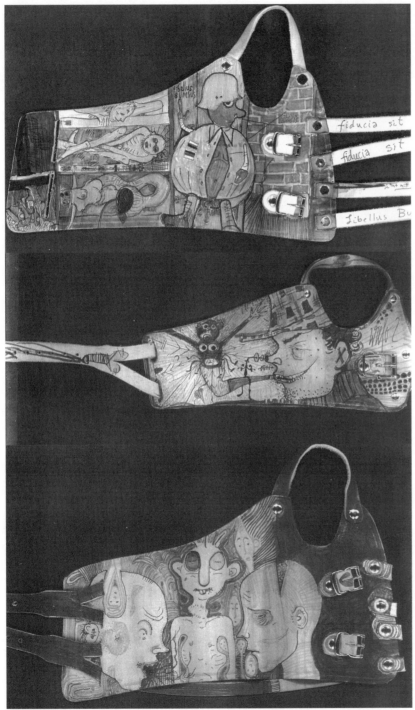

173 - 175

Grenzen am Rande der Neustadt
1

Bernd, Eerik und Oliver spielen Karten.
Dabei kommt ein Gespräch auf.

Bernd: Wie ungerecht du bist. So wird hier aber nicht
       gespielt, - da mußt du schon ganz andere Register
       ziehen, daß es mir wirklich schlecht dabei würde.
Eerik: Du Kaliber, großes da, jetzt aufpassen - jetzt
       schlägt's ein.
Oliver: Wird man hier abgeholt; Kommt der Boss und holt?
Eerik: Der wird schon kommen, aber nicht eh ich das Geld
       da nicht im Knopfloch trag'. - Dumm bist du wie Stroh.
Bernd: Der merkt's nicht. Der hat wohl oft was verpasst.
Eerik: Das tut weh. - Jetzt denk' ich doch schon an
       Weihnachten. Wie's wieder sein wird. Ob die Ruhe
       da zu ertragen ist, was ja unsereins nicht immer
       so leicht fällt. - Das ganze Jahr immer mit so
       lautem Gefühl und schwerer Inbesitznahme und
       brutaler Haltung.
Bernd: ... da an Weihnachten, da darf man so ganz.
Eerik: Ja?
Bernd: Ja, da soll man und darf man.
Eerik: Oder da kommen die Wiedersacher und brechen über
       einen hinein, wo es ja wohl dann keine Zeit gab
       zum Einrichten darauf. - Plötzlich im Angesicht der
       Brutalinskis.
Bernd: Auffahren läßt man sich und man läßt ganz böse
       auffahren.
Eerik: Leg's jetzt doch hin.
Oliver: Ach, jetzt hab' ich's falsch gelegt - jetzt hab'ich's
       verlegt. Weil ihr drängt.
Eerik: Geduld hab' ich eben keine.
       Später kannst du ja was zurückgewinnen. Oder ich
       geb' dir einen aus.

Oliver: Ich brauch' ja was für Geschenke. Die haben ja
        alle schon ausgesucht. Mit Überraschen hat's ja
        nicht mehr viel Zuspruch.
Bernd: Überraschung ist ja dann, welche von den Sachen,
       die sie einem gesagt haben, man bringt.
Oliver: Ja, aber so richtig.
Bernd: Da hat sich's eben geändert mit der Zeit. Das ging
       aber langsam, nicht so von heute auf morgen, sondern
       hat prozessiert mit sich. Jetzt gibt es ja mehr
       Freizeit und man kann sich jetzt hier ganz genau
       überlegen. Die nehmen sich Zeit für mehr und viel
       genaueres Wünschen, und wollen, daß man das mit
       Zeit genauer Befolgung wettmacht.
Eerik: Blöder geht's nimmer, - das gab's doch immer schon. -
       Sachen die man sich wünscht, und es war nur Geld für
       eine da.
       Bei uns für zehn von elf.
       Das ist ja gut, mit dem Geld da,- da braucht man eine
       Überraschung nicht dazu. Mit Geld gibt's Sicherheit.
Bernd: Das passt, weil sonst hat ja eine Liebe von uns keine,
       ausser daß sie ein Geschenk kriegt, was sie will.
Oliver: Ob die nur das eine will, und Liebe ist ihr fremd?
        Wenn das mal zum Nachprüfen ständ'. Das wär' schon toll,
        wenn man da Sicherheit hat.
Eerik: Fragen schützt vor Dummheit nicht; das sieht man klar
       bei einem mit beschränktem Kopf. Das rächt sich ja von
       selbst, wenn man so eine sich ins Leben zieht.
Bernd: Sowas ist Ansichtssache. Der hat gewählt und uns ge-
       fällt die nicht so sehr. Hätt'man ihn zu einer anderen
       geführt - hättest du ja tun können, ihm eine andere
       vorstellen. Die will Geld und herzlich verhält sich's
       bei der wie im Moor. Man versinkt und Halt findet man nicht
       und am ende stinkt's und klappt's zu.

1

2

156

Berik: Kennst dich aus, damit.
-
Oliver: Aber Weihnachten, das feiert die mit mir,
da ist nichts. Kommt ihr dann mal?
Berik: Bei dem sind wir eingeladen.
-
Bernd: Wer die Welt macht, das ist man eben doch nicht, -
da sind ganz andere mit Rüpel-Natur.
Berik: Rüpel ist man schon auch.
Oliver: Mein Bruder, der hat mit ordentlichem Ausbilden sich
rumgeschlagen. Da wird der Mensch zum Schaf.
Immer zuhören und nachtun. Einordnung, - wird da ganz
groß geschrieben und Teilhaber war man dann doch nicht.
Berik: Kommt der?
Oliver: Ach, daß ich ihn bloß nicht in eine Schwierigkeit
bring'. - Weil, der hat auch was gespürt damals, daß
er da rauß wollte und sich für Backen interessiert.
Hörnchen und Brot, sowas selber machen.
Berik: Sehen will der dich eh nicht.
Oliver: Dann hatte der aber einen Charakterzug, wo so viel
mehr hätte rausspringen können dabei. Gesprochen hat
der nicht viel. Aber ein Lächeln und dann sowas gesagt,
daß man sich ganz bodenlos befand, danach. Das war toll
und es gab viel Beliebtheit deswegen für den.
Dann hat er aber aufgehört damit, während er ausgebildet
wurde. Wo das war, da hat der jetzt eine Verfassung,
ganz eisern.
Berik: Hier und hier und hier.
Bernd: So schlägt einer sich durch, so wie der spielt.
Da möchte man ja garnicht weitertun.
Berik: Rüpel, Rubel, Dollar und so weiter, das kennt man.
Die langweilt mich, die Geduld mit dem Verstehen.
Rüpel versteht nicht, - Rüpel lebt.
Bernd: Du, mit deinem Fünf-Minuten-Abbau eines Problems.

3

Berik: Verstehen ist Glückssache.
Kompromiß dagegen, das ist schon was anderes, da
hat man leicht ein Auskommen. Und wenn man dann sich
so eine Konstruktion erarbeitet hat, . . . ach, ver-
misst wird am Ende eh alles. Es gibt da nicht so viel.
Oliver: Das ist im Arsch.
Bernd: In dem Film, den ich gesehen hab', da hieß das so:
Da spielt so ein Heroin-Makker gegen seine Freundin
Schach. Die war aber nur ein Viertel so blöd wie der
gedacht hat und gewinnt am Stück.
Das hat den ganz wütend gemacht mit rotem Gesicht
und war mit Agression voll, ganz affig, weil er ja
eine Gewinnchance von hundert zu eins hat haben
wollen, gegen Untergeordnete. Sie wollte dann eine
Besänftigung anfangen und sagt:'Es ist doch nur ein
Spiel; Entweder man gewinnt oder man verliert.'
Und er sagt dazu:'Hast du noch was Neues auf Lager.'
-
Berik: Hast dich ja zurecht gefunden mit dem was ist.
Gehst und machst einen gewaltsamen Vollzug und verdienst
deinen Anteil dabei.
Oliver: Ich will aber nicht, daß das immer so aussieht wie
eine Arbeit von vierundzwanzig Stunden am Tag.
Weil man in einem Milieu sich aufhält, und so.
Berik: Von aussen.
Oliver: Was weiß denn ich schon, ob ich eine Anlage hab'
dafür, daß sowas an den Tag kommt.
Ich bin doch nicht nur das Eine.
Bernd: In dieser Welt wird ganz schnell organisiert, da
ist jeder Satz schon Platzanweisung. Und dann wollen
die eine Freiheit dazu.

4

Eerik: Wenn man mit sowas an die Öffentlichkeit geht,
       das zahlt sich nicht aus. Die haben ihren Spaß
       dabei, wegen der Seltenheit, daß sie so einen sich
       gegenüber haben, und der ganz ehrlich spricht zu denen.
       Da bringt man's ganz groß raus, weil's ein Kassen-
       schlager ist, mit was für ein Leben man gehabt hat
       und ob du gern' ein Brötchen mit Mett gegessen hast,
       bei einer Pause
       Mit der Sozialkunde von der Schule aus, gibt's nur
       ein kurzes Einsehen. Und viele haben ja eine Fließband-
       arbeit. Das wär' ja dumm, da eine Einsicht zu haben,
       nach so einem Tag.

Bernd: Sag's halt uns.
Eerik: Na, mir reicht's.
Oliver: Da rede ich auch lieber mit euch.
Eerik: Morgen hast du ja genug zu tun. Da mußt du dich
       zusammenreißen, damits eine Funktion gibt.
Oliver: Ich weiß schon.
Bernd: In dem Waldstück wird's ein Treffen um siebzehn Uhr
       fünfzehn. Wo H. mit dem Fahrrad vorbeifärt. Wenn H. kommt,
       hälst du den an, - fragst ihn zum Beispiel ob er deine
       Tochter gesehen hat, mit dem und dem Mantel und so.
Eerik: Die Idee war ja gut, bei der Plastiktüte, die mit
       so einem Dämmaterial gegen Lärm auszukleiden.
       Da kann von aussen noch ganz gut zugesetzt werden.
Bernd: Mit dem H. soll's mal eine Diskussion geben, über
       seinen Oldtimer, und was bei dem ist, wenn der aus
       der Vorstandssitzung kommt.

5

Den Wein, den wir trinken werden,
der muß süß sein,
die Sachen die wir machen,
die müssen sauber und praktisch sein,
schlau ein Mann,
schlau unser Haus,
dafür gibts schnell gutes Essen,
dafür hat man eine Innung,
und gut so wird man anerkannt,
und wenn etwas ungleich geht,
so braucht man Jauch immer noch,
und wenn die Deuten Alles zeigen,
so haben wir uns,
zu Sylvester werden wir beisammen sein
uns erzählen, wie das Jahr
ein Inhalt hat,
schlafen werden wir so lange
bis der Stimmung. Ist ist
dann wird es sich ergeben,
wie man sich aufteilt,
so ist es mit uns
so wollen wir es auch mit euch.
Dann geht es fort und geht es gut.

158

Schlehe, (~~gezauberte mit~~ gezauberter ← mit)
ausgesucht um null Uhr zehn,
weil keiner kam, könnte es sowas geben,
– jetzt muß es abgebrochen werden,
weil ich allein es bin,
im Hakelhug, einer mit demselben bin.
– jetzt mußt Du es verstecken.
– nichts soll trampelnd mehr erledigt werden. So es
reicht, was man gibt, schon am Ende klärt.
Ich kann nicht klaffen.
Es erhebt sich etwas
unter mir ratschlagen.
Trümmel, von denen ich jetzt am meisten wissen will.
● Demnächst versagt ein altes Verhalten
um so mehr, und deswegen
will ich jetzt was lernen.
so kommt man zu, –
wärend man so sieht,
es flattert weich, es drückt an einer
Stelle von einem Oberkörper mehr.
das Sausen und Rauschen
von einem Ungeheuren,
● sehr weit ist das wohl weg
es wird sich wohl also alles.
Falsches langsam
ausschliessen.

Hakelhug

Wenn der Stadtbewohner darf
ich trauen?

Sicher hast Du Dich das gefragt! Es ist aber keine leichte
Frage. In dem Lokal, wo Du mit Freunden, trinkst,
wird mitgehört. In diesem Fall wird jetzt hier ein
Wort zur Erkennung in Umlauf gebracht werden.
Das ich mit Weitersagen kenne. Es soll der Person, äussersten
Vertrauens nur gesagt werden, – wo ihr selbst
entschieden mußt. So wird sich wenn die Rede lang war
und Gesinnung ähnlich – gleich – sein nach, schon
einstellen das Ihr Bescheid weißt. Wenn ihr sanft
wie die Räuber, dann muß es im Hinterkopf ver-
schlossen bleiben, sonst verquatscht Ihr Euch.
Das ist aber alles eine so ernste, Angelegenheit, daß
sowas nicht passieren darf!!!
Denn viele die dafür zu sein scheinen sind am Ende
angstvoll vor der Konsequenz. Es sind weiche,
Menschen, nicht schlecht. Aber es gerät aus der
Bahn – wo eine andere hinsoll die auch schon
anderes fordert um aufgebaut zu werden.

... irgendwie so sagten mir
die guten 7. blieben nichts
davon so stehn. Sie rieten mir
leise hier heraus zu gehn.
Sie schenkten mir die größten
Pflichten, so zu tragen, und
dann dem,
der gleiche Gläser blasen will,
nach langem Prüfstand
eine Antwort
herzugeben, wo die Frage
taumelnd war,
die Tauferei ein Ende hat
am Anfang lange dehnen.
Beim ~~~~ — unter uns, unter
andern, hier zu stehn, so grün
kann Lache Schmuck von ~~~~
und hellem Blau, ~~~~
abgerissen wolln, sie sehn,
dafür die mitgebrachten,
Bundeskinder, in ~~~~ gerechtem

Taufen.
woher kommt das? Sie raten uns davon ab.

Zorn an Mauer
und an Stadttor sehn.
~~aufgehangen~~ ~~~~.
aus dem Turm der
Trutzburg von
Eulenkeystadt, aufgehangen
im ~~sommer~~ stürmisch
~~Warmen~~ warmen, wirbelnd,
~~~~ ~~~~ ~~~~
~~~~ 1. aufgeladnem Phosphor
Wind, sie wehn,
Alle Gläser sind dann unser,
dann kann das alles
noch sehr viel,
weiter gehn.

Kann ich dem nicht verteildigen:

Sie tragen mir an. - Ich guck ja bei anderen,
jetzt sind sie wohl froh, jetzt sind sie schon
im Arsch. Jetzt halte ich mich an die göttinger Aussicht.
So wie es da anfängt, so habe ich es gehalten, - bis
es sich eben schwer aushält da, ohne daß ich nicht
ganz verknotet werde in der inneren, bitteren und auch
schwebenden Liga, die man sich angeboren hat.
Da wo ich es wusste, wusste jeder was anders. Ist das
denn normal? Die haben jetzt Klarheit, und bei mir stehe
ich selbst.
Eine Wohnung habe ich, und zwei gute Freunde. Jetzt aber
höre ich ungern zu, und die haben beim Gespräch ein
Wissen um mich und von Sachen, da wo ich mich nie hin -
getraut hätte. Das glaube ich garnicht, was sie sagen,
weil es keine Welt mehr gibt, wie die meine.
Jetzt kriegt es ja wohl hoffentlich ein jeder hier
mit der Angst zu tun. Das müßte sein.
Hier ist die Strasse sauber und kleiner, da gibt es
ein Altstadtfest, da ein Spaziergang. Im Winter kann
ich auch nach draussen sehen, und wenn es Einkaufen
heisst, dann zieht es sich auf der Strasse zusammen,
daß ich fünf Centimeter dünn bin, so wie es sich anfühlt.
Wenn ich zurück nachhause komme, ist es heiß wie nie,
und es gibt eine Übelkeit dazu.
Später kann ich Wein trinken. Und beim fernsehen, wo
ich den Ton auf stumm drehe, da ist es mir nun wirklich
fern, das ist schon nicht mehr wirklich. Jetzt brauche
ich nur noch etwas an meinem Kopf herumzuknistern und
es kommt die Stimmung zehnfach zurück. Die Farbe stimmt,
und stimmt mal weniger genau. Ein Schritt pro Abend in
die richtige Richtung, und es hat die große Sache mir
einmal mehr was aus der Nähe zu sagen gehabt.
Sie ist tatsächlich neben mir, nicht von fern, sie ist
mal gut zwei Meter weg oder neben meinem Kopf. Oft sagt
sie:' Komm, jetzt musst du schon mit mir leben, denn
MIR IST SCHLECHT, GLEICHSCHLECHT MIT DIR.'
Und jetzt hat der Aufbruch schon recht lang ausgedient,
weshalb ich gern sage, wo es nicht anders geht, so
will ich mich dafür anstrengen.Das zahlt sich auch aus.

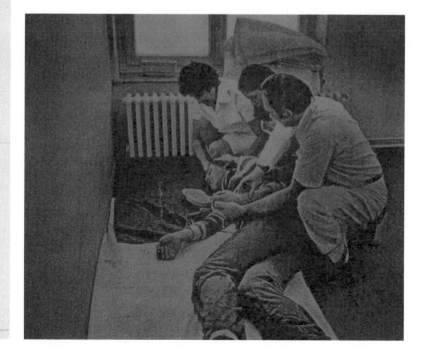

Uns're Parties waren klasse. Doch sie gaben nie recht auf.
Sie blinkten immer noch ganz fordernd aus den grünen
Rechten. Du und ich, wir wurden ~~die~~ nie geknebelt.
Das Kochen hier in dieser Küche, - die Küche stammt
von uns. Wer jetzt geht, der ist für immer weg und baut
sich anderswo etwas auf. Er musste nicht, aber es wartet
da vielleicht auch keiner. Muß ich nicht an sowas denken?
Ihr wisst es nicht, so wie ich. Auch das Haften blökt ganz
trotzig. Das Getränk wummert ganz heftig. Das Schlafen
dauert lange, der Nachmittag hat ein Sonnenende.
Diese Arbeit an dem Trauern ist so angsterfüllt.

Sie müßten ja nicht einsam sein, doch tiefer klingt
die Stunde. Diese jene wird umrundet. Viele Platten die wir
kennen ranken dort heraus. Sie klingen klar und leise.
Bloße Menschen, uns're Freunde mit den kühnen Haaren, die
glühen in der Abendsonne, die fällt durch diesen großen
Baum, und hohes Fenster auf diese, und auf ihre schöne
Haut. Nichts wird hier nicht wohlig wahrgenommen, wie
diese Haut von dem da schimmert, von dem da glänzt.
Der Oberlippenbart die Lippen netzt, die rosa sind
und fein. Die Hände derer die da sitzt, den Pullover
über ihre Knie zieht, daß sie aussieht wie ein kleines
Kotten-Haus.
Das ist alles tausend Jahre wichtig. Das müssen alle
wissen. Es bleibt für immer unter uns, weil and're sich hier
begriffen, - wir begriffen wie ein Mensch hat eine Zunft.
Diese (eben) bleibt unter sich, sie wird gerecht und doch *eben unter uns 'nen 'zehn*
verschieden aufgeteilt. Jeder hat etwas zu tun. Jeder
wird es ewig tun bis er uns verläsat. Da wird mir heiß
und kalt, dann legt es sich mit Schwermut neben mich
in dieses Bett.

Ein noch zu weiches Gewese der Urian - Bündner

Diese zu Anfang jungen Männer, die ausserhalb von
Zeit leben, haben einen Bund geschlossen, der um brutalste,
niederträchtigste, grausamste und schindludernste
Ausübung von Bösem sich zentriert. Mit einer unvorstellbaren
Größe haben sie die Praxis in sich, die den Namen URIAN
trägt, der 'Teufel' bedeutet, was ihnen selbst nicht bewußt
mehr ist, nach dem Abschied von Zeit wie wir sie kennen,
der ihnen durch diese vervollkommnete Bosheit und deren
makellos ultimativen Ausübung zum Geschenk gemacht wurde.
Der URIAN ist auch schon tot und lebt 'jetzt' in ihnen
als selbstverständliche, nunmehr wieder körpergewordene
alles beherrschende Gewalt, die so etwas wie z.B. Mit-
gefühl auf das Äusserste verhöhnt.
   Die Welt der Urian-Bündner ist eine, die beim Eintritt
eines neuen Mitglieds mit den Jahren zwischen 14-20 noch
wie eine 'reale' erscheint, die sich aber im Verlauf der
Zeit, (die immer mehr zu einer für uns nicht mehr be-
stimmbaren wird) in der er seine Initiation nach Formung
und Prüfung erfährt, vollkommen zu einer anderen verändert:
Er lebt nun zunehmend mit schleichendem Übergang in einer Welt,
die von der 'realen' immer weniger und schließlich gar nicht mehr
durch direktes Fühlen, Sehen und Hören wahrgenommen werden kann,
- und so kann auch er diese 'reale' zwar wie ein Feigling wimmernd
in der Wandlung noch schemenhaft erkennen, in die es doch nie
ein Zurück mehr gibt. (Eine Rückführung ist ausgeschlossen.)
   So ist es wohl, daß manch junger Adept mit viel zu
weichem Herz und revoltierendem 'Verstand' sich in großer
Panik hat etwas retten wollen, das ihm helfen sollte
DAGEGEN, mit "Gutem" weinerlich zu sitzen und zu trauern
um soetwas wie verlorene Pietät und Barmherzigkeit. Er hat
versucht sich Fotos zu behalten von einer Familie, die ihm
ja so nah stand und auf deren Trost der nur vergebens warten kann. Oder Fotos von einem der im Gesicht das schönste
Wunderbare trug, der wohl kirchlich da so 'was gemacht hat,
in der Gemeinde mit, und sich mit Güte gekümmert hat um
die anderen. (Er hätte ebenso sich wenden können.)
   Ihm selbst aber, den jungen Urian-Bündner mit seiner
Welt, von der er viel zu spät noch Abstand nehmen will, kann
man nicht mehr fotografieren: Weil er sich durch den Bund,
und dem dadurch erwählten einzigen Kontakt zu den Führern,
Mittelständlern, Phasenwuchernden, eifrigst schlürfenden
Adepten und der GROSSEN PRAXIS immer nur noch von dem Ge-
liebtem entfernen kann. - Denn ohne Unterlaß geht seine

seine Welt in eine andere Stofflichkeit über die wie
ein unbeschreibliches Gas ist, aus mikrofeinen Flusen
mit höllischem, bestialischem Gestank, der für uns un-
begreifbar ist, aber am ehesten noch an so etwas wie ver-
schmorendes Gummi erinnern könnte in einer millionenfachen
.Konzentration. Er muß sich immer und in alle Ewigkeit nur
noch in den endlos verzweigten Räumen aus dem Betonähnlichen
aufhalten, die mit Auslegware in den Farben der PRAXIS aus-
gekleidet sind, in Tiefen der Erde, die diese nicht mehr ist.
So versucht ein mancher eben zuletzt, bevor es ihn ver-
lässt, zu allem Überfluss auch noch "Engel" aus dieser Auslegware zu schaffen, weil es das Einzigste ist was zu
benutzen wäre um eine solche Ikone der Gnade in bereits
verstümmelter Erinnerung herzustellen.

    (Es gibt dort keine Bedürfnisse mehr nach weltlichen
    Dingen, wie etwa Nahrung oder Arbeit, woher es kommt
    daß diese Räume sonst nichts enthalten, denn die Bünd-
    ischen leben in einer absoluten Ganzheit aus dem un-
    geheuren Potential von Bosheit, welches in ihnen ist:
    Sie leben aus sich.)
- Doch die Führer lassen ein so noch zu weiches Gewese
nicht zu und unterwerfen diese letzten Neigungen einer
machtlosen Nächstenliebe und fahler Religiösität.

    Da schon endlich setzt auch bei jenen das richtige Ge-
habe ein bis zu einer vollkommenen Degeneration, die nichts
als Grausamkeit und Häßlichkeit mehr kennt. Da verändert
sich der Körper und die Sprache geht endlich und wird zu
einem säuerlichen Gurgeln und Sausen und Summen von für
uns unvorstellbarer Intensität. Dann ist's gut: Das
war anzustreben -, daß er dann der Führer wird mit anderen,
und die sich in den Zwischenstadien befindlichen und auch
vollkommen entmenschlichten alten Säcke behandelt, wie nur
ein finaler Schinder es kann.

    So ist es eben alles am Anfang noch aufgehangen wie
bei einem **gut gelungenen** Schulprojekt. Es ist nicht zu
überbieten und doch nie ganz entwickelt. Aber irgendwann
wird es eine richtiggehend beklemmenste, wuchtigste Angst
in das kleine blöde Leben schleudern, mit einer gewaltvollen Umarmung die alles bisherige übertrifft, und dann
wird es plötzlich zur Berufung, deren stinkend lähmende
schmerzhafte Gärung in die EWIGKEIT hinein eine Schande
für "die erlösung" sein wird, die wir kannten.

'Am Tag danach, das ist ein Montag, ja. Das bäumt sich
also regelrecht vor mir auf, die Tage auch die da folgen
bis zum Wochenende.
Es ist dann schnell so wie in einem milchigen Foliensack.
Der ist dann nur so halbeng anliegend. Ich müßte den dann
ordnen, mit so einer Anstrengung, solche Sehschlitze an
einer Stelle zu finden und sie dahin zu drehen wo es mal
dann eben verlangt ist. Das ist eine solche Mühe, daß ich
ganze Schweißbäche mache und sich im Kopf ein ganz mächtiger
dumpfer Druck bildet. Die Sehlöcher würden wohl schon
so einen Ausgleich herstellen können, oder, sagt sich das.
"Was ich weiß, macht mich nicht mehr heiß", da laß ich es
fast immer soweit kommen, bis was ich später sagen will.
Ich seh' halt z.B. den Meister und sein Gesicht ist eben
so ein ovales Fleischei.- Es riecht aber stark zu mir hin
vom da aus. Er redet ja auf mich ein und macht den Mund
auf, und es riecht nach seinem Graubrot und Kaffee vom
Magen,-das kann sein.Da wird mir auch schlecht davon. Auch
andere.Ach, tja , die reden ja auch viel während der Arbeit.
So Sudeleien, oder sich unter ihresgleichen ganz f r e c h
gegen den Meister hervortun. Unten haben sie dabei ganz
unbewußt, so angstvoll ein Arschzusammen-kneifen.Sowas merke
ich etwa eine Minute schon dabei. - Ich hab' ja dann mit
Zeit selten noch ein richtiges Gefühl und verliere ja ganz
schnell Lust am sowas, zuzuhören.Sie sind für mich in einem
Schwebezustand, mit allem was dazugehört, sagen wir mal.
Ich habe eine große gesteigerte Wut eigentlich über diese Sachen, weil ich d i e s e Welt die mich da umschlie-
ßt, ja so gar nicht anerkenn', und sie damit kaputt machen
will, mit was ich mir aufgegeben habe, was keine Liebe oder
sowas erreicht hätte- . Ich krieg' ein stolzes Gefühl über
mich und denke ich bin ein Gesandter in so einem Sinne.
Weil ich jetzt z.B. alles aushalten könnte.'

'Das war nicht direkt so mit dem. Ich hab' gesehen, der
ist so isoliert von den anderen, und der hat ja auch eben
so einen etwas einfältigen Eindruck gemacht. Witzchen
wurden da ja auch eine Menge über ihn gerissen.Tja, da
hab' ich gedacht: der freut sich wohl über einen Kontakt,
daß man mal zu zweit was macht.
"Jetzt glaubst Du's mal zuerst."

Ich war auch mal ganz perplex, weil er so wiedersruchs-
los sich gegeben hat. So bin ich natürlich immer ein
bißchen weiter gegangen. Am Anfang, da die ganzen Heft-
chen und Bücher immer durchsehen.z.B.da haben wir aus
sowas das Anvertraute gesammelt. Er hat ja auch keinen
Zweck gesehen dadrin, aber ganz vollautomatisch hat er
die richtigen Sachen rausgesucht. Da war er ganz froh.

Und daß ich da nicht mehr alleine stand, das war eine
riesige Versicherung für was man macht. Das ist dann
schon so mit dem: Das kannst Du jetzt mit nur einer
Bewegung von deiner Kopfhaut(≠) in einer von mir aus-
gedachten Reihenfolge ein bißchen auslöschen.

Anvertrautes ist immer als Drohung mal da und ganz
schön verstreut eben, liegengelassen worden. So daß
man denkt:Ach, da hat das jemand so beiläufig liegen-
lassen. Dann sind sie aber neugierig und nehmen es in
die Hand um sich sowas anzugucken.
:'was ist da los?'- '

Alle Tage
muß ich auf
so schnell, - so kann ich nicht
jetzt wartet schon der Irr-Betrieb
- 'Du wirst im Ganzen daran reifen.'
Doch Ihr gesamten Fleischhaften
mal schickt Ihr linkisch hechelnd,
mal tiefer noch als taub,
Wort und fehlerhafte Nähe -
mir herunter und herauf.

Dann sag' ich mir:
so ragt der innere Schein
schon so riesig von mir, über mich hinaus
Auch seht Ihr das nicht
Bis ich mit Dem es Euch vergell'
von Orten aus
die Gesellschaft meiden wollen
In dem es sich in das Getriebe legt,
wie in der Küche mit Fett und Staub
das sich zu MÄCHTIGEM Teer verdickt
so die Behälter von Gewürzen
langsam, garnicht mehr
von den Regalen gebrochen werden können.

Doch nun: Wieso will ich's denn
         daß es so kommt?
Bist doch nicht ein schlechter Mensch
B i n doch nicht ein schlechter mensch

Da bekomm' ich's schon mit einer Halbtrauer zu tun,
um Euch und mich
und will Sühne walten haben.
Alle Tage bis auf viele.
wo Freitags saftig mich die spätere
Nachmittagsstunde empfängt,
und sagen tun (...)
:"Du leidest nicht!"?

Workshop	Es liebt Dich und Deine Körperlichkeit
	Ein Ausgeflippter

"Die Zeit schlägt ja doch immer neue Saiten an. Es
ist tatsächlich die Zukunft gegenwärtig, und es scheint:
es ist e'ne Menge möglich. - Es ist aber das Bedürfnis
geblieben, und die Bedürftigen sind ja um der gleichen
Sache Willen so rastlos, (leider nie einmal so ratlos dabei,
daß sie Geräuschlos würden). Auch eben weil gesagt wurde:
Man muß arbeiten, Arbeit finden um zu leben. Ja. Halt! wenn
man jung ist, ist das erste Interesse was man jeweils für
etwas bekommt, so r e i n und wirklich, daß sich da um
diese Lebenszeit herum ja ernsthaft was machen liesse,
es ist Morgen im Kopf und Herz, und sonniger (Glut-tau)
gießt sich über ihnen aus.

        Ja, meistens aber wird man durch
Schule, Eltern, Verwandtschaft und den übermäßigen, mittel-
alterlichen ("25-67..) sauersegenspendenden, mitlaufenden,
ihr know-how und ihre Erfahrungen einbringenden, halbgaren
Erwachsenen zu dumpfen Glauben an Wissenschaft und Fort-
sch(r)iss, Geld und den Götzen der persönlichen Annehmlich-
keiten erzogen: Sie bilen einen körperlichen Klumpen am
Bein der Entwicklung zu einem GEIST, der so leicht und
doch alles bedingend und erreichend ist wie die Luft und
Winde.

    Sie aber gehören leider in die Bedürfnisanstalt.
Es ist Makel übelster Sorte an ihnen, der schnell über-
greift und - pass da mal auf auf Dich!,
denk in RUHE, wenn der Alltag Dich, lieben Menschen
zum Trottel machen will, denn wirklich! wirklich! wirklich!:
WIR HABEN ZEIT! UM SO SCHNELLER HIER GEMACHT WIRD, WIRD
EIN SINN SICH EUREM SCHWACHSINN NICHT OFFENBAREN! ! !
und es zeigt sich ein Völkchen von angstvollen, hastigen
zwerggeistlichen Fuzzis, dumm wie kein Tier oder jedwede
Pflanze . ."

"klar, wir wollten Musik machen."
Ist es so eine Art Abgesang?
"Nein, es ist ein gewagter Blick nach vorn-zurück
 in Liebe - und man muß sich davon heilen, Alles sein
 zu wollen: man ist wichtig als Teil von dem das einem
Heil bringt."
Was?
"Na jaa, mal Alles sein zu wollen ist ganz schön, ver-
 brennen und so, aber man muß sich am Ende ja auch mal
 entscheiden, für was."
Wofür denn?
"Ein guter Mensch zu werden."
Achen, was ist das?
"Ich glaub' du weißt schon was ich meine."

ES IST SANFT UND GUT GEMEINTER DENN JE UND EHwig

Verzeichnis der Farbabbildungen

1. o.T., 1990
Fotografie, verschiedene Maße

2. Oxshott, 1990
Collage, verschiedene gestrichene Papiere
50 x 51 cm

3. o.T., 1991
Eine Gruppe von Befreundeten trifft sich in einem Ladenlokal
auf dem Friesenwall, Köln, um Masken zu herzustellen.
(Es ist passiert am 12. 12. 1991, von 10-13 Uhr)

4. Einige der Masken, 1991
Fell, Pappe, Stoff, Wolle usf.

5. o.T., 1991
Fotografie, verschiedene Maße

6. Erwachsen werden, Fabio, 1991
Acryl und Bleistift auf Papier
16 Zeichnungen
je 29 x 42 cm

7. Erwachsen werden, Fabio, 1991
Acryl und Bleistift auf Papier
16 Zeichnungen
je 29 x 42 cm

8. o.T., 1991
Fotografie, verschiedene Maße

9. o.T., 1991
Farbfotokopien auf Papier
51 x 71 cm

10. o.T., 1991
Fotografie, verschiedene Maße

11. o.T., 1991
gemalt von Albrecht Koehler
Plakafarbe auf einem Kunstdruck
33 x 27 cm

12. o.T., 1991
Acryl-, Wasserfarbe, Buntstift, Bleistift und Wachs auf Papier
38, 5 x 40 cm

13. o.T., 1991
Fotografie, verschiedene Maße

14. Von einem Schüleraustausch nach Australien im Jahr 1985 schickt
Jan Koehler seinem Bruder einen Bericht: Fotos, die auf ihren Rückseiten
genaue, mit der Hand geschriebene und manchmal gezeichnete Er-
klärungen besitzen. 42 Fotografien je 10 x 15 cm

15. siehe 14.

16. - 19. o.T., 1993
An den Wänden der Galerie hängt eine lange Stoffbahn. Oberhalb ihres
Randes sind Figuren auf der Wand angebracht, die aus auf Pappe aufge-
klebtem Stoff und anderen Materialien gefertigt sind. Sie scheinen auf
diesem Horizont auf ihren Stühlen zu sitzen. Weiterhin gibt es rote
Möbel: Schuhschrank und Anrichte. Darauf und darin: Stoffe, Pullover,
ein Merian-Heft über Ulm, leere Bier- und andere Flaschen und Glas-
behälter. Auf einer kleinen Decke eine Schale mit Äpfeln. Ein Teller mit
aufgemaltem Reichsadler und schließlich eine große grüne Glasflasche,
aus der ein Baumast ragt.
(Lukas & Hoffmann, Berlin)

20. o.T., 1993
Fotografie, verschiedene Maße

21. o.T., 1993
Scherenschnitt (Die Gestaltung des Schaufensters der Galerie Lukas &
Hoffmann, Köln, von Weihnachten 1993 bis Neujahr)
Karton, Pergamentpapier, Acryl- und Wasserfarbe, Wachs
100 x 135 cm

22. Ankündigung von "Grenzen am Rande der Neustadt", 1994
Druck
22 x 21 cm

22. - 26. Grenzen am Rande der Neustadt, 1994
In dem Theaterstück "Grenzen am Rande der Neustadt!" gibt es eine
Szene, in der während einer Unterhaltung, die die Schauspieler miteinander führen sollen, gleichzeitig Skat gespielt wird.
Bei den Proben wird überlegt, ob nun eben *wirklich* ein ernsthaftes Spiel
begonnen werden könnte und der Dialogtext in seiner Sprechweise diesem immer spontan angepaßt wird – oder ob das Kartenspielen nur vor-
getäuscht wird und der Text, ordentlich eingeübt und festgelegt in
Gesten und Betonung, bei jeder Aufführung gleich daherkommt.
Für die Zuschauer war am Ende die Unterscheidung von Probe und Wirklichkeit oder Wirklichkeit der Probe nur bei genauem Hinhören und ern-
stem Interesse auszumachen.

26. ausgehangener Text

27. - 29. Uwe: Auf guten Rat folgt Missetat, 1994
3 Zeichnungen, Buntstift, Bleistift, Wasserfarbe auf Papier
30 x 34 cm / 35,6 x 30 cm / 29,7 x 37,2 cm

30. Modern wird lahmgelegt, 1995
Der Raum der Galerie ist mit einem nach rechts aufsteigenden, silbernen
Stoff ausgelegt. Darauf drei Pappfiguren in einer Höhe von etwa 1,10 m.
Zwei von ihnen sind von der dritten von einem ebenfalls aus Pappe
gefertigten, silbernen "Atelierfenster" getrennt. In die Aussparung des
Fensters in der Rückwand der Galerie ist ein dicker Wollstoff gehängt.
Daran lehnt ein Plattencover. Man kann das alles nur durch eine breite
Plastikpanoramadurchsicht betrachten, die oben und unten auch von

einem silbernen Stoff eingefaßt ist.
(Daniel Buchholz, Köln)

31. o.T., 1989
Farbfotokopie auf Fotokarton
22,5 x 23 cm

32. & 33. Hast Du heute Zeit? - Ich aber nicht,
zusammen mit Cosima von Bonin, 1995
Eine lange "Bar" ist aus verschiedensten, billig erstandenen und vorge-
fundenen Möbeln gebaut worden, hinter der nach unausgesprochenen,
aber festen Regeln bedient, gearbeitet und sich auch gegenüber dem
Publikum verhalten wird. Alles strahlt einen Entschluß der Schönheit
aus, den die Stuttgarter Sonne begrüßt. Um auszuruhen, kann man von
dem hinteren Teil der "Bar" in die zweite Hälfte des Ausstellungsraumes
gelangen, wo man die beiden |Kai Althoff und Cosima von Bonin| durch
einen Türschlitz eine komplizierte Spiegelung auf einer Matratze lie-
gend ansehen kann. Da über den Wänden des Raumes noch etwa 1,50 m
frei sind, werfen sie mit nassen Handtüchern nach den Beobachtern. Eine
größere Schlacht beginnt ...
(Künstlerhaus Stuttgart)

34. - 36. o.T., 1995
Ein 4 x 4,22 m großes Rechteck mit einer Deckenhöhe von 2,18 m ist
durch dünne Wände in schmale Gänge und enge Räume eingeteilt, wie
ein kleines Haus mit Labyrinthcharakter. Oft ist es nur 70 cm breit. Die
Decke des Hauses ist aus in gelblichen Tönen in großen Flecken gefärb-
tem Stoff. Darüber Scheinwerfer, die durch den Stoff gefiltert in der Wohnung das Licht verbreiten. An den Wänden: Zeichnungen, Grafiken, Masken, Schattenfigur, ein Kunstwerk aus Ton usf.
Durch Hitzestau ist es darin sehr warm.
(Stedelijk Museum, Amsterdam)

35. o.T., 1995
Wasserfarbe und Bleistift auf HKS Entwurfspapier
33 x 27,6 cm

36. o.T., 1995
Collage
25,2 x 23,7 cm

37. o.T., 1995
Tusche, Filzstift, Bleistift auf Papier
61,4 x 81,4 cm

38. Gesund werden, 1980
Wasserfarbe, Tusche, Wachsmalkreide, Collage, Staniol auf Papier
50 x 64 cm

39. & 40. Hakelhug, 1996
Es liegen zwei blaue Sisalteppiche am Boden. Auf einem steht ein Tisch
aus zwei 1,50 x 1,60 m großen Glasscheiben, zwischen denen Wollfäden
gepreßt in Formen verlaufen. Den Scheiben dienen alte Holzbohlen von
ausgedienten Webstühlen als Stütze. Auf dem Tisch und davor stehen

und liegen Figuren und abstrakte Formen aus glasiertem Ton. Die Gesichter der Figuren sind zu einer Wand gewandt. An ihr hängen viele Zeichnungen, Aquarelle und Malerei aller Sorten. Ein Tonband spielt Ereignis-
se und darin versteckte Gedichte ab.
(Galerie Christian Nagel, Köln)

41. & 42. Eulenkippstadt wird gesucht, 1996
Hinten, in einem dunkelgrün gestrichenen Teil der Galerie, steht wie auf
kurzen Pfählen eine Hütte in containerartiger Form. Sie ist mit Papier ta-
peziert, das mit dem Motiv von fotografiertem Weidegeflecht bedruckt
ist. Darin, auf Teppichen und Stoffen: leuchtende Köpfe und eine weitere
Person mit leuchtendem Kopf. An den Wänden und am Boden der Hütte
sind Zeichnungen, kopierte Artikel aus dem "Spiegel", Fotos, Flugblätter,
Weinflaschen, Weidenkätzchenzweige, Asche usf. verteilt. Die Galerie ist
verdunkelt, nur die Köpfe geben Licht, und von der Decke hängen durch-
sichtige Plastikbahnen, die mit Bäumen und Sträuchern bemalt sind.
(Robert Prime, London)

43. & 44. Hilfen und Recht der äußeren Wand (an mich), 1997
Der Hauptraum der Galerie ist mit 14 Stellwänden in den Maßen 2,10 x 1 m
in Formation zugestellt. Sie sind jeweils von der einen Seite in einem
helleren, von der anderen in einem dunkleren kalten Grau gestrichen. An
den Wänden hängen fotografisch vergrößerte Aquarelle, die auf Sperrholz aufkaschiert sind. Im vorderen Raum gibt es eine Lampe, Bücher,
Glasscheiben mit Aufklebern, Postkarten, Verpackungen, „echte" Zeichnungen, zwei große Kopien, ein kleines Bild von Michael J. Fox in „Big
City Lights" und Klebeband verklebt auf Boden und Wand.
(Anton Kern Gallery, New York)

45. - 47., Reflux Lux, 1998
Zwei lebensgroße, angezogene Stoffiguren, ausgestopft und mit Pappmaché-
Gesichtern am Boden, an einem Tisch aus einer mit Folie beklebten Platte
auf Bausteinen. Unter dem Tisch eine nachgemachte Pickelhaube. Der Boden und Teile der Wände des Zimmers sind mit leuchtend lackierter Well-
pappe ausgeklebt. An den Wänden große Fotokopien von Filzstiftzeichnungen
und einem Modefoto sowie Stoff. Weiterhin: Barhocker, Teller mit Essens-
resten, Gläser, Besteck, eine Decke. Ein laufender Fernseher und eine aku-
stische Tonfolge aus einem unbestimmten Lautsprecher, Erbrochenes.
(Galerie NEU, Berlin)

48. o.T., 1997
Filzstift auf Resopal-Spanplatte
74,93 x 84,4 cm

49. o.T., 1997
Filzstift und Bleistift auf Packpapier, Tesaband
185,7 x 100 cm

50. o.T., 1998
Buntstift, Bleistift auf Papier
36 x 47,2 cm

51. Aleph, 1999 (Ausschnitt)
Filzstift, Buntstift, Bleistift, Wasserfarbe, Tesafilm auf Papier,
68,5 x 55,8 cm

52. - 58. Ein noch zu weiches Gewese der Urian-Bündner, 1999
An den Wänden der Ausstellungsräume sind große, farbig gestrichene
Spanplattentafeln angebracht, auf die jeweils zweimal Schwarz-Weiß-
Fotos und einmal vielfarbige Gouache-Tempera-Bilder zu großen Wand-
bildern angeordnet und aufgeklebt wurden.
Auf dem Boden große Stücke von Auslegeware und auch daraus durch
Knicken, Biegen und Aufstellen entstehende Plastiken. Aus einem
unsichtbaren Lautsprecher eine vorerst unmelodiöse Musik.
(Galerie Christian Nagel, Köln)

59. & 60. Stigmata aus Großmannssucht, 2000
Lebensgroße Figuren aus Holz, Stoff, Filz, Watte, Flachs, Leder, Kunst-
haar, Silikon-Kautschuk und Acrylfarbe; eine 9,5 m lange Rutsche aus
Holz. Eisennägel und Acrylfarbe. Schiffsglocke, Plastiktüten, Pergamentpapier, Fotokopien; Fenster mit weiß gestrichenen Holzlatten zugena-
gelt. (Galerie Ascan Crone, Hamburg)

59. Eine Zeichnung aus dem Katalog zu "Stigmata aus Großmannssucht".
Wasserfarbe und Tusche auf Papier
29,5 x 30,5 cm

61. Hau ab, du Scheusal, 2000
34 Wasserfarbbilder auf Papier auf Passepartouts geklebt, jeweils
27,8 x 29,5 cm, und ein Scherenschnitt, Fotokarton, Pergamentpapier,
Wasserfarbe, Ø 81 cm
(Galerie NEU Berlin)

62. & 63. Aus Dir, 2001
Durch eine kleine gezimmerte "Gasse" kommt man durch einen schmalen
Eingang mit Rundbogen (auch sonst) in einen Raum mit verlegter Auslegware am Boden, die sich jeweils an zwei Wänden über eine 40 cm hohe
Stufe weiterzieht. Hier kann man sich in durch von der Wand herausra-
gende Bretter eingeteilte Nischen einzeln oder zusammen setzen. Aus
dem Boden ragt ein trockener Baum. Weiter gibt es: eine Schaumstoffmat-
te mit angesengten Stellen und verschiedenen Flecken, gefundene Holz-
teile und industrielles Gummi, auf dem Duftkerzen, Teelichter, Streichhöl-
zer und Parfümölflaschen nach Benutzung verstreut sind. Große Tonscha-
len mit Wasser und schwarzer zäher Flüssigkeit. Ein kleines Schaf unter
einem Bogen. An den rauhfasertapezierten Wänden: Fotos von Orten,
Menschen, Plakaten, Bildern, Zeichnungen (Nr. 62.), die teilweise auf
Spanplatten geklebt sind. Die Decke des Raumes ist niedrig und durch
längs und quer verlaufende Balken in Quadrate eingeteilt, über die ein
Stoff gespannt ist. Vor dem Eingang rechts ist eine tiefe Nische mit zwei
im Dreck abgestellten Fahrrädern hinter einem Eisentor.

64. - 67. Impulse, 2001
30 Bilder, eine Plastik aus zwei Sesseln und einem Schwert
(Anton Kern Gallery, New York)

64. o.T., 2001
Bootslack, Plakafarbe, Firnis, Tonpapier auf Leinwand
50 x 40 x 4,2 cm

65. o.T., 2001
Bootslack, Plakafarbe, Firnis, Tonpapier auf Leinwand
50 x 40 x 6,5 cm

66. o.T., 2000
Bootslack, Aquarell, Firnis, Papier auf Leinwand
40 x 50 x 4,2 cm

67. o.T., 2001
Filzstift, Wachsmalkreide, Bleistift auf Papier, Epoxydharz, teilweise
gefärbt, Pflanzenteile
70 x 64 cm

Verzeichnis der Schwarzweiß-Abbildungen

68. o.T., 1989
Farbfotokopie und Bleistift auf Papier
36 x 48 cm

69. o.T., 1992
Farbfotokopie auf Fotokarton
42 x 30 cm

70. o.T., 1992
Acrylfarbe, Wachs, Bleistift und Buntstift auf Papier
50,5 x 52,2 cm

71. - 74. o.T., 1992
4 Zeichnungen
Tusche, Wachsmalkreide, Buntstift und Wasserfarbe auf Papier
29,7 x 21 cm

75. o.T., 1992
Zeichnung
Bleistift, Buntstift, Wachsmalkreide auf Papier
36 x 41,3 cm

76. Wir haben so mit dir gerechnet, 1991
Wasserfarbe, Buntstift, Bleistift auf Papier. Chromoluxkarton,
Collage
80,7 x 81 cm

77. Reincarnation, 1990
Collage, Tusche und verschiedene Papiere auf Chromoluxkarton
49,5 x 53 cm

78. - 80. o.T., 1993
3 Zeichnungen
Filzstift auf Papier
35 x 54 cm / 53,2 x 54,5 cm / 38,3 x 45,7 cm

81. Ashley's, 1990/1996
Leporello mit 13 Zeichnungen im Offsetdruck. Und eine Schallplatte
31,2 x 31,5 cm

82. o.T., 1990
Acryl- und Wasserfarbe, Buntstift, Bleistift, teilweise Collage auf Papier
69,3 x 70,4 cm

83. - 98. Erwachsen werden, Fabio, 1991
16 Zeichnungen
Acrylfarbe, Buntstift und Bleistift auf Papier
je 29, 5 x 42 cm

99. - 102. o.T., 1991
Eine Gruppe von Befreundeten trifft sich in einem Ladenlokal auf dem Friesenwall, Köln, um Masken zu herzustellen.

103. - 106. o.T., 1994
Grenzen am Rande der Neustadt
siehe Farbverzeichnis

107. o.T., 1993
Foto aus einer Zeitschrift

108. o.T., 1995
Collage
22,2 x 21 cm

109. o.T., 1995
siehe Farbverzeichnis Abbildung 34
Wasserfarbe, Bleistift auf Papier
99,8 x 51 cm

110. & 111. Hast Du heute Zeit? - Ich aber nicht, zusammen mit
Cosima von Bonin, 1995
siehe Farbverzeichnis

112.- 115. Hakelhug, 1996
siehe Farbverzeichnis

116. - 121. Eulenkippstadt wird gesucht, 1996
siehe Farbverzeichnis

122. Schloom, 1998
Filzstift, Bleistift, Tesafilm und Gewebeband auf Papier
160 x 120 cm

123. Toralfs Linderung durch eine Zuflucht, die die Eltern ihm erfanden,
in seinem schwersten Genesungsjahr, 1998
Filz, Stoff,
91, 5 x 200 x 30 cm

124. o.T., 1997
Bleistift, Buntstift auf Papier
36 x 45 cm

125. o.T., 1998
Filzstift, Buntstift, Bleistift, Wasserfarbe auf Papier
34,9 x 38,7 cm

126. o.T., 1998
Filzstift, Bleistift auf Papier
29,7 x 21 cm

127. o.T., 1997
3 Zeichnungen
Tusche, Wasserfarbe auf Papier
29,7 x 41,9 cm

128. o.T., 1998
Foto auf Resopal-Spanplatte kaschiert
50 x 73 cm

129. Michael J. Fox
aus einem Film

130. Scheiding ahnt, 2000
Filz
125 x 129 cm

131. o.T., 1998
Fotokarton, Bleistift, Filzstift auf Resopal-Spanplatte
74 x 110 cm

132. o.T., 1999
Sperrholz, Fotografie, Lampen, Tesafilm, Farbe
225 x 175 x ca. 400 cm (gezimmerter Raum)

133. o.T., 1999
Collage, verschiedene Tonpapiere auf Karton
Bleistift, Buntstift
204 x 145 cm

134. & 135. Reflux Lux, 1998
siehe Farbverzeichnis

136. - 145. Billa Loo, Bezirk der Widerrede, 1999
Das "Studio" ist mit tiefschwarzem Molton ausgehangen und ausgelegt.
Auf dem Boden, einem Sessel, einem Stuhl und einem kleinen Regal
stehen etwa 60-70 cm große gedrechselte Holzfiguren in rot, blau, grün,
braun und naturfarben wie im Gespräch. Auf einem scharf angestrahlten
hohen Podest, das mit glänzender weißer Plastikfolie bezogen ist, steht
ein ebenso aus gedrechselten Holzstreben gefertigtes, drei-dimensiona-
les Modell eines Zustandes.
In weißen, alten Stahlregalen: Bürolampen, Scherenschnitte als Lampen-
schirme, Bücher, eine ausgeschnittene Figur und aus Knetmasse geform-
te kleine Scheiben.
(Galerie Daniel Buchholz, Köln)

146. - 148. Ein noch zu weiches Gewese der Urian-Bündner, 1999
siehe Farbverzeichnis

149. - 155. Hau ab, du Scheusal, 2000
34 gerahmte Aquarelle und ein Scherenschnitt o.T.
siehe Farbverzeichnis

156. - 161. Aus Dir, 2001
siehe Farbverzeichnis

162. - 172. Impulse, 2001
30 Bilder, eine Plastik aus zwei Sesseln und einem Schwert
(Galerie Anton Kern, New York)

162. o.T., 2001
Aquarell, Bootslack, Papier, Firnis auf Leinwand
60 x 60 x 4,2 cm

163. o.T., 2001
Aquarell, Bootslack, Papier, Firnis auf Leinwand
60 x 50 x 4,2 cm

164. o.T., 2001
gefärbtes und durchsichtiges Epoxydharz
64 x 70 cm

165. o.T., 2001
Aquarell, Bootslack, Papier, Firnis auf Leinwand
60 x 70 x 4,2 cm

166. o.T., 2001
Filzstift, Bootslack, Papier, Firnis auf Leinwand
70 x 60,5 x 4,2 cm

167. o.T., 2001
gefärbtes und durchsichtiges Epoxydharz
70 x 65 cm

168. o.T., 2001
gefärbtes und durchsichtiges Epoxydharz, Fotografie
64,5 x 77 cm

169. o.T., 2000
Aquarell, Bootslack, Papier, Firnis auf Leinwand
40 x 40 x 4,2 cm

170. o.T., 2000
Aquarell, Bootslack, Papier, Firnis auf Leinwand
70 x 60,5 x 4,2 cm

171. o.T., 2001
Aquarell, Bootslack, Papier, Firnis auf Leinwand
50 x 70 x 8 cm

172. o.T., 2001
Aquarell, Bootslack, Papier, Firnis auf Leinwand
75 x 60 x 4,2 cm

173. - 175. Gelenkstützen, 2001
Filzstift, Kugelschreiber auf Leder
29,7 x 21 cm

Biografie und Bibliografie

Kai Althoff

*1966 in Köln, lebt in Köln

Einzelausstellungen / One Person Exhibitions

2001   Impulse, Anton Kern Gallery, New York
        Aus Dir, Galerie Daniel Buchholz, Köln

2000   Stigmata aus Großmannssucht, Galerie Ascan Crone, Hamburg
        Hau ab du Scheusal, Galerie Neu, Berlin
        ACME, Los Angeles

1999   Ein noch zu weiches Gewese der Urian-Bündner, Galerie
        Christian Nagel, Köln
        Galerie Hoffmann und Senn, Wien

1998   BILLA LOO, Bezirk der Widerrede, Galerie Daniel Buchholz,
        Köln
        Reflux-Lux, Galerie Neu, Berlin

1997   Hilfen und Recht der äusseren Wand (an mich), Anton Kern
        Gallery, New York
        Eulenkippstadt wird gesucht, Robert Prime Gallery, London

1996   Hakelhug, Galerie Christian Nagel, Köln

1995   Modern wird lahmgelegt, Daniel Buchholz, Köln
        Hast du heute Zeit – Ich aber nicht, mit Cosima von Bonin,
        Künstlerhaus Stuttgart
        Kirsch-Jade-Block, mit Cosima von Bonin, Galerie Christian
        Nagel, Köln

1994   Zur ewigen Lampe (mit Torsten Slama), Galleri Nicolai Wallner,
        Kopenhagen
        Uwe: Auf guten Rat folgt Missetat, Lukas & Hoffmann, Köln

1993   Lukas & Hoffmann, Berlin

Ausgewählte Gruppenausstellungen / selected Group Exhibitions

2001   Neue Welt, Frankfurter Kunstverein, Frankfurt am Main
        Musterkarte. Modelos de Pintura en Alemania 2001, Galeria
        Heinrich Erhardt, Madrid
        Vom Eindruck zum Ausdruck, Grässlin Collection, Deichtorhallen
        Hamburg
2000   Drawings 2000 at Barbara Gladstone Gallery, Barbara Gladstone
        Deutsche Kunst in Moskau, Central House of Artist, Moskau
        Gallery, New York
        Premio Michetti, Europa differenti prospettive nella pittura,
        Museo Michetti, Francavilla al Mare Chieti

1999   Oldnewtown, Casey Kaplan Gallery, New York
        German Open. Gegenwartskunst in Deutschland,

Kunstmuseum Wolfsburg
Die Schule von Athen – Deutsche Kunst heute, Hellenic Art
Galleries Association, Athen
Who if not we? Elizabeth Cherry Contemporary Art in Tuscan,
Arizona
Ars Viva 1998/99, Portikus, Frankfurt am Main
How will we behave, Robert Prime Gallery, London
On Paper, Stalke Galleri, Kopenhagen

1998   Ars Viva 1998/99, Brandenburgische Kunstsammlungen Cottbus;
        Kunstverein Braunschweig
        Wrapped, Vestsjaellands Kunstmuseum, Søro

1997   Heetz, Nowak, Rehberger, Museo Contemporaneo, Sao Paulo
        Time out, Kunsthalle Nürnberg
        Home, sweet home, Deichtorhallen Hamburg
        Symposion, Icebox, Athen

1996   Glockengeschrei nach Deutz, Galerie Daniel Buchholz
        Heetz, Nowak, Rehberger, Museum Abteiberg, Mönchengladbach
        mit Cosima von Bonin und Tobias Rehberger
        Wunderbar, Kunstverein Hamburg

1995   1. Grazer Fächerfest, Forum Stadtpark, Graz
        Wild Walls, Stedelijk Museum, Amsterdam

1994   Stonewall, white columns, New Yorks
        Sonne München, Daniel Buchholz, Köln
        Stockholm Smart Show, Stand Lukas & Hoffmann, Stockholm

1993   Unfair, Köln
        Aperto 93, Stand Schafhausen, Venedig
        E, Künstlerhaus Bethanien, Berlin
        6 Wochen Brüssel, Lukas & Hoffmann, Brüssel

Videofilme / Dokumentationen

1987   UTE
        zusammen mit Ute Paffendorf
        Videofilm

1992   Ein Weiterkommen in Ravensburg
        Videofilm

1991   Dirk Frithjof Waanders
        Videofilm
        Ein junger Mann will seine Freundin zu einer Verabredung tref-
        fen: An der Tür des Hauses ihrer Eltern sagt sie ihm, daß diese
        ihr jeglichen Kontakt zu ihm verboten hätten und sie ihn auf
        keinen Fall hinein lassen dürfe. Sie läßt sich zu keiner Abwei-
        chung überreden. Er reagiert mit Wut und schließlich versucht
        er ihr Auto 'kaputt zu kriegen'.
        (Gefilmt in der Villa der Landsmannschaft Zimbria, Göttingen)

1993   Workshop: Einsicht gewährt
       Videofilm
       Mitglieder der Musikgruppe Workshop – Stephan & Christian
       Abry, Edwin Kroll, Cornelia Goude u.a. – diskutieren in ver-
       schiedenen Szenen mit Freunden und Eltern über die Möglich-
       keit eines Mißverständnisses ihrer Kleidung als Verkleidung
       anläßlich eines Auftritts in einem Kölner Lokal zu Karneval.
       Dabei machen sie sich einiges bewußt.

1994   Grenzen am Rande der Neustadt
       zusammen mit Gondi Norola, Bernd Koehler und Oliver Richter;
       Der Mitschnitt einer Probe
       Videofilm

1996   Jennecken
       von Thomas Wilbrant, Stefan Mohr, Matthias Köchling, Patrick
       Spitzner, Kai Althoff und Stephan Abry
       Videofilm
       Während der Aufnahmen des Stückes 'Brück-Mauspfad' der
       Gruppe Workshop in einem kleinen Haus in der Ortschaft
       Jennecken wird ein junger Dorfbewohner auf die Musiker, die,
       wie er zu Recht am Ende sagt, 'Quatsch' gemacht haben, auf-
       merksam. Er fährt mit seinem Fahrrad vor dem Haus herum,
       hört Radio oder tanzt. Am Morgen, als das Stück schließlich fer-
       tig ist, fangen die Musiker aus dem Stehgreif und befreiter Al-
       bernheit an, einen Videofilm über ihre eigene Situation, aber
       mit veränderten 'Charaktern' zu drehen. Wieder steht der Junge
       vor dem Haus und wird jetzt eingeladen sich das Stück einmal
       anzuhören, womit er dann automatisch in dem Film mitspielt.
       Die Musiker behalten ihre 'Charaktere' soweit sie können bei.
       Er hört zu und denkt sich seinen Teil. Er sagt, das Stück soll
       den Titel 'Die wilden Rocker' bekommen.

1995   Geschworen hat sich's damals leicht
       zusammen mit Cosima von Bonin
       Videofilm

1996   30 millions d'amis
       zusammen mit Cosima von Bonin
       Videofilm

Publikationen

2001   Ja, Herrkenn mich genau, Wo wohnt ihr? – Ab heute bei dir,
       Galerie Daniel Buchholz, Köln

1999   Stigmata aus Großmannssucht, Verlag der Buchhandlung
       Walther König, Köln

1996   Ashley's. Ein Buch mit 13 Zeichnungen im Offsetdruck auf Kar-
       ton und eine Langspielplatte. Hrsg. von Nicolaus Schafhausen
       für das Künstlerhaus Stuttgart und Anna Friebe, Köln

Ausgewählte Bibliographie / Selected Bibliography

2002   Gioni, Massimiliano: New York Cut Up – Art Fragments from the
       Big Apple, in: Flash Art, Vol. XXXIV, Nr. 222, Januar - Februar 2002,
       S. 61-64
       Heiser, Jörg: Der bärtige Barde, in: Frankfurter Rundschau,
       5. Februar 2002
       Koch, Thorsten / Weber, Andreas: Kunst in Köln. Junge Künstler
       – Das Ich als Installation, in: Merian Köln, März 2002, S. 66-71

2001   Backhaus, Catrin: Kai Althoff in der Galerie Daniel Buchholz, in:
       Kunst-Bulletin, Nr. 7/8, S. 46
       Dorn, Anja: Einzeldoze differentie, in: Metropolis M, Nr. 5,
       Oktober - November 2001, S. 38-42
       Karnik Olaf: Na, Popeye, zu schwach für Workshop, in: Intro,
       Nr. 88, Oktober 2001, n.p.
       Kerkmann, Michael: Die Lust der Entsagung, in: Texte zur Kunst,
       11. Jg., Heft 43, September 2001, S. 207-210
       Kimmelmann, Michael: Kai Althoff, in: The New York Times,
       23. September 2001
       Koerner von Gustorf, Oliver: Rückzug aus der Kulturkritik, in:
       die tageszeitung, 6. Januar 2001, S. 24
       Löffler, Petra: Kai Althoff: Aus Dir, in: Springerin, Band VII,
       Heft 3, S.66/67
       Löffler, Petra: Krippenspiel, in: Kölner Stadt Revue, August
       2001, S. 89
       Saltz, Jerry: History Painting – Kai Althoff and the Return of the
       Repressed, in: Village Voice, 4. Dezember 2001, S. 69
       Schwendener, Martha: Kai Althoff, in: Artforum, New York Critics'
       Picks, 7. Dezember 2001
       Siepen, Nicolas: Grüße aus der Steppdecke, in: Frankfurter
       Allgemeine Zeitung, 6. Januar 2001 (Berliner Seiten)

2000   Dziewior, Yilmaz: Kai Althoff, in: Artforum, Heft XXXVIII, Nr. 9,
       Mai 2000, S. 186f.
       Ebner, Jörn: Wer Geschichten nicht erzählt bekommt, darf sie
       selbst erfinden, in: Frankfurter Allgemeine Zeitung, 3. Juni 2000
       von Lowtzow, Dirk: Tatort, in: Texte zur Kunst, 10. Jg., Heft 39,
       September 2000, S. 159-161
       Roos, Renate: Kai Althoff, in: Kunstforum International, Bd. 149,
       Januar - März 2000, S. 380
       Stange, Raimar: Kai Althoff, in: Flash Art, Vol. XXXIII, Nr. 213,
       Sommer 2000, S. 118f.

1999   Bange, Holger Emil: Männergesellschaft, in: Die Zeit, Nr. 46,
       11. November 1999
       Dziewior, Yilmaz: Kai Althoff, in: Art at the Turn of the Millennium,
       Köln 1999, S. 26-29
       Dziewior, Yilmaz: Kai Althoff, in: Artist, Nr. 38, 1/1999, S. 26-29
       Graw, Isabelle: Nichts geht verloren, in: Berliner Tageszeitung,
       29. Dezember 1999
       Kempkes, Anke: Being Modern, in: German Open. Gegenwarts-
       kunst in Deutschland, Ostfildern 1999, n.p.
       Pesch, Martin: Installationen, in: Kunstforum, Bd. 145, Mai-Juni

1999, S. 380/381
Die Schule von Athen – Deutsche Kunst heute, Katalog zur
gleichnamigen Ausstellung, hrsg. von der Hellenic Art Galleries
Association, Athen, S. 22-25 (nur Abbildungen)
Wolff, Thomas: Auf Montage: Die Kunst, in: Frankfurter Rundschau,
13. März 1999, S. 24

1998   Christofori, Ralf: Reality Bites. Det narrative som konstrueret
realitet / The narrative as constructed reality, in: Wrapped,
Katalog zur gleichnamigen Ausstellung im Vestsjaellands Kunst–
museum, Søro, S. 44/45 und 85/86
Dziewior, Yilmaz: Verwobene Fiktion, in: Neue Bildende Kunst,
April/Mai 1998, S. 52-55
Hermes, Manfred: Kai Althoff. Bezirk der Widerrede, in: Paradex,
Nr. 1, November 1998
Kempkes, Anke: Kai Althoff: Reflux-Lux, in: Springerin, Band IV,
Nr. 2, 1998, S. 63
Koether, Jutta: Workshop, in: Index, Nr. 11-12/1998, S. 89/90
Löffler, Petra: Dialog der Dämone, in: Kölner Stadtrevue,
Nr. 10,
Preuss, Sebastian: Lebensformen aus der Neuzeit, in: Berliner
Zeitung, 28. September 1998

1997   Arning, Bill: Kai Althoff, Hilfe und Recht der äusseren Wand
(an mich), in: Time Out, Nov. 20-27, 1997
Bauer, Silke: Heetz, Nowak, Rehberger, in: Texte zur Kunst,
7. Jg., Heft 25, S. 129
Gurk, Christoph: Workshop. Spiralen der Erinnerung, in: Spex,
Nr. 6, 1997, S. 30-33
Heiser, Jörg: Bohemian Rhapsody, in: Frieze, Nr.37, November / De-
zember 1997, S. 66-69
Hunt, Ian: Kai Althoff. Robert Prime, in: Art Monthly 5/97, S.38/39
Kerkmann, Michael / Storms, Christian: Workshop: Meiguiweis-
heng Xiang; DJ Enrique & Subtle Tease On Workshop´s Meiguis-
heng Xiang, in: Spex, Nr. 4, 1997, S. 64
Kerkmann, Michael: Ladomat 2000, in: Spex, Nr. 1, 1997
Schmidt-Wulffen, Stephan: Time Out, Katalog zur gleichnamigen
Ausstellung, Nürnberg 1997
Young, Robert: Workshop: Day Dream Believers, in: The Wire,
Nr. 6, 1997, S. 15

1996   Bonami, Francesco: Kai Althoff, in: Flash Art, Nr. 11-12, 1996
Diederichsen, Diedrich: House of Style, in: Artforum,
November 1996
Diederichsen, Diedrich: Kai Althoff. Nach dem Exzeβ, vor der
Zerealie, in: Spex, Nr. 4, 1996, S. 40
Dziewior, Yilmaz: Kai Althoff, in: Frieze, Nr. 9, 1996, S. 73/74
Karcher, Eva: Kai Althoff. Bilder vom Hoffen und vom Scheitern,
in: Art, Nr. 10, 1996, S. 49

1995   Butzer, André: "Hast du heute Zeit? – Ich aber nicht". Kai Althoff
und Cosima von Bonin im Künstlerhaus Stuttgart, in: Texte zur
Kunst, 5. Jg., Heft 19, S. 168
Coelewij, Leontine / van Nieuwenhuyzen, Martijn: Wild Walls.
Katalog zur gleichnamigen Ausstellung, Amsterdam 1995

Heiser, Jörg: Eine Kapelle für die Moderne, in: Texte zur Kunst,
5. Jg., Nr. 18, Mai 1995, S. 194-197
Hess, Barbara: Kai Althoff, Lukas & Hoffmann, in: Flash Art,
Nr. 6, 1995

Übersetzungen - Translations

Foreword

Nicolaus Schafhausen

On a matchbox he designed for a gallery in 2000, the artist Kai Althoff depicted a figure urging another: "…but? I want to learn something about you!!!" For all his reserve, or because the directness unsettles him, or he doesn't want to speak, one nevertheless sees from the addressed figure's face: they might have a future. For he is doubtless thinking, "Who has ever showed such interest in me? And so up-front! It makes me nervous, but I don't want to let the opportunity slide. He seems to mean it seriously."

Kai Althoff, whom I first got to know in 1992 when I ran a gallery and whom Markus Schneider (my partner at the time) and I invited to mount his first solo exhibition with us, seems to desire just such dealings with the world and its inhabitants. Yet he knows that to behold man in his wondrous striving for love and fulfilment, from within and without, harbours great perils. For higher, inscrutable powers have the say. In view of which, he has sought to weld himself to origins there is anyway no escaping from, to find aid in "exercising mastery". Now his enquiry comes at you from a sure foundation? And if others give no answer, he invents question and answer himself. Stammering unclearly, or pulling himself together, he confers precious qualities on supposedly small fellow-travellers. Such perils Kai Althoff has decided to take on. One finds them on every page of this book, replete with their own consciousness, which he has taken such pains to attain.

I would like to thank the Alfried Krupp von Bohlen und Halbach-Stiftung for generously supporting this publication, which gives the first comprehensive view of the work of this artist. I would also like to thank the Stiftung Kunstfonds.

180

Friedpangang

Bernd Koehler

After warning me off "Cologne's unfriendliest man" in no mean terms, Abry finally fixed a meeting after all in 1990, needing a few photos for "work business". This and connections of older date was what entangled him with Cologne's unfriendliest one. Contrary to expectation, no blows worth mentioning were exchanged. The unfriendliest's apartment got slightly reshuffled, a result of the women present. They, of course, were of a different calibre to the Russian girl who got photographed sometime later. But by that time my brother was mixed up in the affair as well. Back to the first meeting. It ended successfully enough in rubber boots outside a bungalow in Rodenkirchen. We met up again later in the newspaper.

The unfriendliest one—not my experience of him at all—turned out to be a natural in asphalt crawling, and from that moment on until the Fairy appeared on the scene (and for many years after) he was named Crawler behind his back. At any rate, a ritual developed instantaneously. We would meet at the Sports Academy to time 100 m. After that, hardboiled Crawler would propose a bracing walk to the Hansa Ring, which he laid back in around 12. I hobbled along behind with 16.7 torn muscle fibres, glad that at the Ring we could proceed with one of my strengths. Drang-Ede, combat artist of world fame and city renown, was usually loafing around there. All he wanted to do was to show us one of his Super 8 Bruce Lee films, and with us he was eminently successful. After this warm-up, which put us in the right mood, we sang courage into ourselves with the world-famous Cologne ditty "Auf der Lüneburger Heide", which I was able to send Crawler in writing. Next came the mission to Kalk Post, where popular motto-parties à la "Pacts that serve mating" took spontaneous place. Crawler, of course, crawled; the rest rode Cologne's public conveyances or took a spin on Ede's fiery bikes. No prizes for who had to wait. Kalk Post was next door to Bogi's Snack Bar. It was also the seat of a subversive shared men's apartment that filtered us in, some with, some without Bogi's greasy chicken drumsticks. This was our inspirational centre because meeting important people like Jeff, the Samurai, Peter A., the Russian girl, diverse Barbaras, Little Fat Olli, Jan, and other complete jerks, always had a calming effect. To AC/DC's meditative music, classics like "Die Märchenbraut", "Twin Peaks", or "A fat little dude named Jürgen" were consumed. It set us up very nicely.

True to form, Olli threw up his half-cooked pork schnitzel before we headed for the Bermuda triangle. This consisted of a craftily-plotted triad of premises. Our intuitive first choice was the "Don". Here we enjoyed something like family status and wine. In addition, it was here that the three strands of success were woven: faith, hope, love. We continued on our way, in white overalls and with popping Price Paradise pistols, to the place with the fish. No wonder that Count Number at the bar—the establishment's sole accessory more or less—put on Ramonas reflectively, popped whiskey corks and raised his loyal pen to Beermat-Evi. For Crawler, this was enough on the subject of Evi who, by way of thanks, threw me out of the apartment. Now he could pull strings, quartering me in an abode with cardboard bed belonging to nice parents. When Abry was in town, he and Crawler were the exclusive talkers. The rest of us killed time making tactical signs in the form of rabbits' ears at them. Or we watched an agile, corpulent little man do physical exercises, then fold his suit away meticulously into a plastic bag,

and, sitting there in ladies' underwear, order a beer. When at length the air was ripe, the night-children would do a few supple turns on Count Number's private dance floor, which Crawler ignored condescendingly, fully aware that he monopolized the St. Vitus dance in aesthetics. And that was what it was all about from the start—to let none of the nasties get wind of it, it being hotly contested, no less than the self-portrait of the unknown artist entitled (and portraying) "Kai at the roadside, scratching his feet", or the Action Week "Mask-making without wind-breaking". We had to leave this sacred venue between one and two, unless, that is, a final round plus collateral damage were fired from life-and-soul Dreistler. Sometimes the swift Goodintervangel held the position for us.

Can-tossing was on the bill in an unrivalled bar that, until then, had the divine number minus one in its signature. Political correctness was still a foreign word. The intercultural exchange of beer-cans was indulged in. A rumour was going the rounds that our group's art of can shooting gave a competitive edge to the course music was to take in this and other joints. For whoever puts records on has to be hard in taking. He can't just put on the old Kurt number after the twentieth beer. Of course, the natural choice fell on Crawler, who, being a friend of fine tuning, drank only vodka and whiskey. Moreover, the rest of us excelled more for liberty of knowledge than for honest hard work. As a result, we developed our own method of dispensing with trash. We would politely gather the empty cans and roast them next day, with ritual observances, in a camp fire on the banks of the Rhine and its secret islands. The Fairy was a significant part of the ceremony. She had appeared to my brother once on the autobahn, and had turned out to be a damn persistent hallucination, for, from that time on, we all saw her. She also affected our attitudes, and our second-rate behaviour improved a heck of a lot. The biggest change of all was to be seen in Crawler. True to type, and through frequent pupation, which crustacea are otherwise averse to, he had made himself pretty scarce. Meanwhile, the Fairy drew dogged attention to the fact that, of human beings, he was the most beautiful, and that we should leave Cancerians alone. Her words had their effect.

We instantly sought a pseudonym and a new field of research. Kai was the one, the Lüneburg Heath the other. Kai tried his skill at landscape photography and film-making, sometimes with people in the foreground. The others had more fun playing hide-and-seek with Dreistler after she had passed the 15-minute swimming test with Abry in the eco-pond of the vicarage garden at a legendary party, although there were only a few trees behind which one was safe from her pranks. Thus nature was satisfyingly subdued and we had time again for other projects. One of these got going in a heath house we had found. This, too, was reckoned "work business". Even Abry came, in his fast, sky-blue car envied by many above all for its coat hanger antenna. Pretty girls like Julia would sometimes get out and—controlling their lips strenuously—dance through the botanics, which Jan, veteran of the VNP, kept a devoted eye on. He and other natives of our assembly were unstinting in their generosity. Respecting them for their urban asphalt experiences, they offered Kai, Abry, and the rest extensive rambles through woods and over fields. Sadly, the named ones failed to turn their asphalt talents to good account, mastering only the fields with ease before losing speed in sand, and finally getting bogged down in marsh. Thus our rambles proliferated, and there was plenty of time for reflection. Some tried to note the route as they went along; others brooded on love and Viking weddings consummated, with Kai as priest, to Abry's lute-plucking accompaniment. Others took pleasure in somersaults and heath spirits one would like to set loose on certain tourists in fog. Return from this no-man's-land was invariably effected, sooner or later, to the house of the bearded hunter Puffweed-Horst, whose wife ravished us with home-throttled venison goulash. Resurrected from such exertions, and the bearded hunter and his wife out, the project week began to materialize in the living-room, using instruments borrowed from country yokels. Kai and Abry shaped these jam sessions, since no one else had a heart for the insidious rhythms. Taken aback, the rest of us, friends of light jazz music, moved to the village disco, and, upon our return, startled the protagonists, who were still kicking up a merry noise. Result: a cool number.

Naturally, live appearances were also called for, especially in electricity works, which "work business" placed with tactical shrewdness and at risk to body and soul of predominantly uninvolved parties. Diverse breakfast cereals served to nourish and mollify fans. No one could really live on this. So a couple of Australian battered fish and chips were also distributed among the people. Whether they had called for these or whatever, a magic night ensued.

One evening, two sisterly photogenic subjects—of the specifically Australian variety "Nicky and Marie", be it noted—stood incarnate on my doorstep. Twenty cardiac rhythm disturbances later, I managed to stop saying my embarrassing "G'day, mate", and became preternaturally aware of the precariousness of my situation as obsessional romantic; for I had no Candle Light Dinner in my house. There was only one way out. If I did not want to cover myself in shame, I had to seize bull and girls by the horns and head for the "Don". It should be clear to everyone by now that I was pinning my hopes on the Bermuda triangle classic. In the event, I was successful beyond expectation. Nicky and Marie were surprisingly lively, nay, enchanted, even though Kai was keeping a low profile and was not around. So it was some Frank or other who capitalized on one of my infringements of the Golden Rule, latching himself onto the girls' pretty heels. Fortunately, Drang-Ede took care of that with his "Franky goes to hologram" trick, while the girls and I bolted undetected for the Hansa Ring. No sooner were we there than we penetrated into the 127 caves of the lion. The door—surprisingly—was opened, and opened most heftily: by Kai himself. What magic emanated from that moment! Whether the benign spirit of Ute, living with Kai in kitchen-union, had a hand in this, I cannot begin to describe even today. Kai did not send me, as happened with other ladies, to Michele, who was already shut, but let us in. He regaled us with regal music and instant coffee, summoning a mood comparable to when Hansel and Gretel emerge, hand in hand, from a dark wood. Now taboos were broken. Kai revealed to us what he had been up to in secret, specimens of his art, some of which are to be found in this book. The propitiousness of the moment—2.30 a.m. plus or minus a few minutes—overmastered us. Two waves convulsed me. One slapped up in front of my eyes, clear as daylight, that I had never suspected as much of Kai; the other withered derision in my mouth. From then on, I saw the world with black eyes, just as it is, and I tried to tame the ambiguity.—Taming, of a very special sort, occurred later, around 1994, in a little gallery with Olli, Gondi, pizza, beer, and whisky, with Kai and his fro-

wning eyebrows as master of ceremonies. Here worlds met and were combined. A further stroke of genius was to consist in saddling me with wife and children after we'd let Hanosri spoil us with rice tea, not offered to everyone, unfortunately. But those were already times when everyone—more or less openly, bright to cloudy—indulged their individual preferences. As a result, the Bermuda triangle vanished into an almost spiritual sphere.—Overflowing with love and on the threshold of dawn, Nicky, Marie, and I parted from Kai, and, full of hope, strove towards where, over eastern Nippes, the sun would rise.

Passion and Dilemma

Anke Kempkes

"Just look at them. They'd already cut themselves off from the condition, before everything seemed to dissolve in a world.

They wanted to do something that would stop them feeling afraid of a dissolution of the world. ... They also wanted to use it to confess that their thoughts very often took an incredibly extreme course. ...

For it was not their custom to go just a little bit in the one or the other diametrically opposed direction, a dangerous one, but always to go on in right up to the hilt. And then they suddenly felt good about it, about something that otherwise sickened them. One isn't simply one thing at a time, and anyway they often found people who go singlemindedly at things off-putting. That it was the same with others they could only assume, because it was kept secret. Now they liked it, the extreme they had acquired for themselves, and at the same time it spread out in their heads, a power. ...

It was no longer half abstract, half felt, but everything in their bodies followed suit. And this toppled the real possibility of good empathy. In the end, it blossomed into an utterly radical, subjective, esoterically political and anthroposophical bearing that had a profound effect on their bodies and shook their mental constitutions. And, after spiritual exertion of this order, a physical discharge takes place—in the form of vomiting into the light."

Kai Althoff, Reflux Lux (1998)

I.

First room: The installation Reflux Lux

A sonorous triad of sounds resonates through the room like an enchanted gong announcing entry to a sphere governed by different laws. The soft yellow tones that warm the subdued light in the little room, diffusing a positive, friendly atmosphere, seem to harbour a hallucinatory potential to lurch suddenly into a toxic, caustic tone. Two human effigies with reddish long hair and wearing worn cord trousers and trainers are stretched out in a corner of the room. One of the figures has vomited after having eaten spaghetti, the dried remains of which we see on brown earthenware plates. It is as if a grotesque trauma were being staged—that of 1970s youth, or Kai Althoff's very own on Cologne's outskirts, a cryptic setting for a North Rhine-Westphalian version of The Icestorm.

In earlier installations Althoff created a fairy tale world of youth that invited utopian readings and bore faintly hippyesque, Bohemian, alternative-lifestyle features. His commitment to bygone aesthetic solutions and approaches enabled him to reinvent styles and to create a personal, idealized past on which reality could feed. This artificial world functioned also as a reservoir on which the artist could draw for his epic pictures that reflect the here and now. An almost menacingly calm and resistant temporality presides over them.

Reflux Lux seemed to mark a turning point, a phase of overstimulation: the staged, enacted entry into a sphere of dilemmas. Althoff's hedonistic, romantic-juvenile world turned into an inwardly destructive, highly ambiguous realm. The earlier visionary-collective intensity suddenly assumed a menacing, radical quality that seemed to be governed by an abstract power. Formerly charming playmates mutated into figures that were monstrous, pitiable or malicious, freaks that both attracted and repelled.

Althoff's text accompanying Reflux Lux is a counterpart to the spatio-pictorial arrangement, sharing in the overall conception, a textual "corpus" in which the dissolution of corporeal outlines, of the oneness of body and of mind, resonates loudly; one even feels this, bodily, in the experience of reading. The inner responses triggered by the text are a reduplication of the visual experience. The sombre character of Althoff's piece calls to mind Antonin Artaud's range of thought and feeling, his call for a new mythopoetic language in the "Theatre of Cruelty", where meanings were to receive their full share of sensuality and thought was to acquire extra extension. Artaud was prepared to take the topic of "cruelty" quite literally if need be; but he saw it, first and foremost, as a necessary and indispensable principle for liberating new meanings. Maximum concentration of stage elements; mobilization of hidden, forbidden languages and body-languages; humour and anarchy—by these means Artaud sought to activate "cruelty". But he saw the creative act itself as a fundamental instance of the onset of "cruelty". The generation of form, Artaud wrote, is "lucid", evil, an abiding law. "Goodness is always located on the outside, while the inside is evil." The task of the "Theatre of Cruelty" was to reduplicate the violence of social constraints and necessities, and to open up new meanings and associations. Kai Althoff's work contains an altogether similar "fracture" between external necessity—the crude dynamics of the workplace, say, as against one's personal vision of life —and the generation of form in the act of creation, its positivity as against one's own nervous, hypersensitivized conditioning. This fracture is the source in his work of an entire series of characters and settings that deal with the shift from innocent community to the diabolical. Evil becomes a significant part in the very make-up of his figures, which turn into monsters once goodness and vice cease to be distinguishable in them.

Althoff's short text sheds no more light on the identities of the characters involved than does the installation. Reflux Lux is a space brimming with intimated histories. Every incipient picture remains, as it were, in abeyance: delicate pictures traced in orange felt-tip pen around projected silhouettes show us young, bald-headed flag-bearers, then a collection of heads gazing up into the air; another diaphanous drawing depicts two people with a banner spread between poles. A hastily-executed water-colour in brown line opposite depicts two young men in sturdy boots; chummily linking arms, they seem to move on a peaked house-roof surrounded by what could equally well be bushes or blazing flames. Finally, on another wall, we see a badly copied repro of men foppishly dressed in safari suits, perhaps taken from a 1970s Yves Saint Laurent campaign. "Meanings" light up like after-images. One associates automatically to events of day-to-day politics and media images. One thinks of neo-Nazis, for example the racist attack on a house in Moelln where Turkish fellow citizens lived. But mightn't it be a picture of two young men in an idyllic setting, engaging in homoerotic play? Pictures of demonstrations, yes, but for which political camp? The indeterminacy of the codes Althoff develops leads one to stumble on one's own insistently one-track interpretations as they unreel before the inner eye. They continue to operate dialectically, arriving at no solution, while what one sees in the room becomes more and more enigmatic. Hermeneutic powers increasingly destabilized, in the end one is ready to deliver oneself up to the hypnotic space and its paranoid visual logic.

The pictural-political "photosynthesis" Althoff prosecutes here generates toxic beauty. Despite—or precisely because of—the paranoid indeterminacy of these pictures, our ways of seeing are challenged, nay, even schooled: the pictures are no longer simply readable, any more than their codes are a matter of established knowledge. Instead, what we have are unexpected, perverse associations and an asynchronousness of styles, gestures, and expressional nexuses: the pictures offer new, brittle fields of meaning. Not that this opens a door to relativism or to arbitrary interpretations—the space is far too laden with moods, far too hermetic and unstable for that.

What is happening here is more a question of the absorption, reduplication, and removal of the core of an existing societal dynamics where convictions, lifestyles, and attitudes previously radically opposed, or even mutually exclusive, have collapsed together into one. If one wishes to discover what meanings survive from the old system and mutate in the new, one has first of all to allow potentially transgressive, repressive or tormentingly incoherent codes to obtain.

Assuming the exemplary role of alternative "seer", Kai Althoff both disposes these incommensurable realms and delivers himself up to them, endeavouring thus to re-project himself as a political subject without either adopting a pre-formed political identity or positing himself as an autonomous epistemological subject. In this movement, introspection strives to absorb external influences come what may. And Althoff resists the temptation to be a cultural pessimist, developing a parallel rhetorical figure I have referred to elsewhere as "concrete melancholy". It is precisely this figure that enables him to create those enigmas of visuality that—integrating losses as well as external situations—testify to the occurrence of semantic shifts and inversions. Ideological co-ordinates are no longer ascertainable.

Althoff has created a tantalizing, repellent "no-man" character—bald, dressed in overalls with a diabolically upturned collar, a hammer or sickle growing in place of an arm. The corners of its eyes are made up like a glam pop-star, and "Nein" is inscribed across the drawing, in soft, '70s-style lettering: a monstrous, ambivalent pop-creation, uttering an aestheticized "no". The beauty of Kai Althoff's yellow room and its state of arrest consists in its sustained complexity, and in the way it enables one to coexist with what is virtually intolerable.

II.

Second room: Ein noch zu weiches Gewese der Urian-Bündner (Urian's Confederates—still too soft a fuss)

A year later Althoff created a second installation, which was also accompanied by a short text. It reads like a continuation of the fate of the "two" in Reflux Lux, although its tone is significantly more sombre, its dénouement more drastic. The sex of the characters involved is now unambiguous—two "young men" living outside of time. They have sold themselves to the devil's sect of "Urian-Bündner" (Urian's Confederates), whose cult centres on the "active pursuit of evil". Urian himself died long ago, but his great "practice", consisting of "leaders, middle-class zealots, phase-racketeers, and avidly-slurping adepts", is active still. There is no going back for the Confederates. Their world is composed of "an indescribable gas made up of microscopic fibres that stink vilely, diabolically". They spend their time in ramifying concrete rooms where nothing soft is permitted. As a despairing last hope, they fashion "angels", "icons of grace", from the remains of a carpet that lined the corridors. But these bring no release either. The Confederates deteriorate rapidly, living in the undivided unity of an "immense potential for evil", cruelty, and ugliness.

"Their bodies undergo alterations and language finally abandons them, turning into a sourish gurgling, buzzing, and humming of unimaginable intensity. Then it is all over. That was the goal. … "

On a wall behind the "carpet angels" Althoff hung small works in poster paints on paper: young men writhing in wild gestures, their faces distorted. Violence and homoerotic desire are indissolubly linked in their bodies. Sexual attraction and fascination combine with active malice, engendering it, perhaps. It develops into scenes of flagellation, torture, sadism, and perversion that are always inward-directed. How are we to construe the return of evil in this "men's league" eroticism in Althoff's works?

As in Reflux Lux—and in the crayon drawings Uwe: Auf guten Rat folgt Missetat (Uwe: wrongdoing follows good advice), where journeymen apprentices looking like fairy tale figures give more or less direct gestural expression to reactionary attitudes, in an outstretched right arm for instance—Althoff repeatedly establishes a link between homo-social communities in whose gatherings menace inheres, erotically charged juvenile delinquency, homoerotic desire that can turn toward evil—and Nazi symbolism, "ultra-evil". This continuum has plenty of forerunners—Jean Genet's novels, for example, or Pasolini's Salò o le 120 giornate di Sodoma, and Kenneth Anger's gay underground film Scorpio Rising. Althoff seems to locate himself in this historical line of homosexual topoi, even if his fairy tale settings suggest completely different cultural orientations. But the contradiction is only apparent. For Althoff's sets, costumes, and style of draftsmanship are exceedingly labile—reminding us by turns of medieval illustrations, of scenes from Otto Dix or George Grosz, or of Horst Janssen's bizarre caricatures, without ever consulting a style's wider historical milieu. If Althoff has a style at all, then it consists in the way he inhabits these highly—often unpleasantly—charged historical positions that no one else in contemporary art would bother about.

Pasolini, who wished to see the link between fascism and homosexual "perversion" located prior to the background of the more recent atrocities of Mussolini's one-year North Italian rump-state, had already come in for hefty criticism. Roland Barthes referred to his unfortunate identification of de Sade and fascism as a "dual error", de Sade's work being a highly abstract network of textures on perversions and not a scenario to be exploited literally. But even gay theoreticians repeatedly criticized Pasolini for his identification of politics and sexuality, on grounds of discrimination.

Genet's perspective is different again. His love of the outsider, of the underdog, the traitor, the henchman, the brutal opportunist, or the beautiful murderer—we come across it again in Andy Warhol's Most Wanted Men—was a radical living-out of libidinous anarchy, an anarchy that warmly embraced everything bourgeois society found shocking, right down to the ultimate evil, the Nazi. But Genet also practised a kind of Messianic sublimation, in which he strove to disempower himself utterly; and so even the enemy was brought within the circle of desire. Althoff practises a similar Messianic self-mise-en-scène, when he delivers himself up utterly to circumstances he finds insufferable: "I start feeling so proud of myself and think I'm some kind of envoy. Because now for example I could stand everything."

In contrast, in his biker road-movie Scorpio Rising (1963), Kenneth Anger walks a borderline between fascination and revulsion vis-à-vis the gay subculture he depicts, as it spirals into violence and Nazi mouthings. His protagonists imitate macho motorbike rebels and end up, utterly alienated, in a massive—albeit orgiastic—surfeit of mass-cultural stimulation. However, the Nazi emblems in Anger's film are far removed from their historical and political origins. In a world of junk, they are disempowered insignia, their repressive significance reduced to vacant signs that wait to be occupied, as later in punk.

Althoff's use of such signs and gestures for Nazis or neo-Nazis as dissolute, wild youths is similarly detached from historical origins (even when these abide as memories in the "old German" feel of sets and costumes that, except for a Prussian helmet peeping out from under a table in Reflux Lux, are mere fantasies). The signal that Althoff's ambivalent pictorial arrangements send out is that of monstrousness in the face of semantic shift, and the way the meanings of "good" and "evil", violence and desire, collapse together and become indistinguishable. No matter how and no matter where this occurs, it does so as a fundamental, inexorable, and dynamic structure of the dilemma.

III.

In his big installations—in Reflux Lux, in Urian's Confederates, and in Stigmata aus Grossmannssucht (Stigmata of boastfulness)—Kai Althoff devised (as we have seen) a circulatory ambivalence of meanings and the topos of undifferentiability; it is a thought-system that can infiltrate and penetrate the depiction of a single gesture. In more recent works, the picture series Impulse (Impulses), for instance, the meanings attaching to gestures become increasingly arbitrary, making the gestures more grotesque still. Religious motifs, such as Christ on the Cross, monastic themes, reminiscences of Pieter Bruegel the Elder, and of the mustier types of church art, mingle with a radically original cartoon or caricature style: deformed figures, freaks with big childlike eyes, or a melancholy old man with a repulsively scarred mouth, holding his overlarge, twisted hands in a powerless, cryptic, onanistic gesture. These are the mise-en-scènes of ingrown dilemmas: moving, monstrous, yet ultimately accepted. Althoff's new world is populated by severely harmed beings who are elegiacally at rest—such as the little monks, standing with their backs to the abyss, heads comically held together.

Few people have devoted themselves so whole-heartedly to the power of gesture as the artist, novelist, and philosopher Pierre Klossowski. Even if gesture, for Klossowski, is a mediator between language, text, and body, a sober treatment of the subject not in accord with Althoff's anecdotal, expressive approach, it is still worth taking the trouble to follow his ideas. "The world of thought in the theoretical demonstrations in my books is dark and abstract, because what forced itself upon my mind to begin with was so concrete and inexplicable, as only the insistent vision of a gesture can be."

Gesture for Klossowski is a "pantomime of spirits", a silent sign that is possessed by the visual. It belongs to the sphere of "illusions", and, as in Althoff's drawings, a dilemma invariably inheres in it. Gestures are seriously flawed, not unlike a discontinuity in linguistic syntax, or as in Althoff's more recent "lesioned" works: "…the body is capable of gestures that lead one to understand the opposite of what they connote. For example:

one arm thrusts an attacker back, while the other arm waits, or seems to embrace him. Or a hand thrusts back, but cannot do so without at the same time offering an open palm. And then the play of the fingers—some outstretched, the others crooked."

This actuality, this stark reality of hand and fingers that leaps to the eye, and which Klossowski refers to as a "gesture held in the balance", infects, and is even capable of dissolving, the identity of the gesturer. These gestures, enacted so inadequately and absurdly, are "spacers" to the eye, forcing the gaze to return back to them. The act of viewing doubles and multiplies. Extreme ambiguity, recurrent interrogation of the gesturer: these are moments of intellectual abstraction, and as such are also met with (even in the most expressive countenance) in the works of Kai Althoff.

So to identify the theatre and its goals with every possible device, formal and extensional, of mise-en-scène, gives rise to a special idea of poeisis, which, in turn, becomes one with sorcery. ... Any production must be seen under the aspect of its use as magic, and as sorcery, not as a mirror-image of a written text, or as a projection of corporeal doubles arising from a text. Far rather is it a passionate projection of everything that can be extracted as objective effect from gesture, word, sound, and music, alone and in combination. This active projection can only occur on the stage, and its results can only be found in front of and on the stage. The author who confines himself to the written word must make way and leave the theatre to the specialists in this objective, living sorcery. (Antonin Artaud)

Holistic High
Or: Epistle of imaginary liberation, of the beloved efficacy of the fateful offerings, things, and non-thingnesses, and of the chance to be comprehensively entangled.
Jutta Koether
... a moment to create an atmosphere, become play ... (X.B.)
It cannot be outdone, and yet it is not fully developed. (K.A.)
I want so much to reconcile myself/with everything there is/I want so much for once to be everything/and so to touch on the work ... (Workshop)

I. What follows is a complex mise-en-scène of the exhibition as theatre and of the artist as protagonist. The practical experience of art, fanned into flame by Kai Althoff's example, is its topic. Amongst other things, this art invariably reflects the dimension of its own experience, not so as to suppress or deconstruct pictures, but to redefine them. Thus defined, art functions in new ways, continually, repeatedly. Naturally, such processes interest me. That an artist-I is intensified, cultivated, and finally dispersed as it stages itself, in other words is perpetually performing. That someone is trying to make good the old promise that every being might enjoy several alternative lives. That, in bringing us a little closer to chaos, art can be beautiful. That stimulation is set above satisfaction, and methods of refinement invented forthwith. No wonder it is all so powerfully attractive. Even when picture-surfaces are being maltreated. Or when the viewer, faced with human effigies lying in their own vomit, is being maltreated.
So I take a look around KA's work, in the role of observer, trying to listen, absorb—hearing, sight, feeling. Of course, one naturally slips into the sphere of self-investigation, its incantations and fits of "Everything's-Possible", for good and for bad. For this reason, I shall tackle the artist's deeds, and what possibly gave rise to them, bit by bit. I have selected only things that I saw and experienced with my own eyes and that affected me. I like finding things in such places, things that move me, and that open up curious relations to the overall context.
My impressions are possibly too vague. Or what I have seen has filtered them too curiously. But I believe this is precisely what happens in KA's works. One gets caught up in something. Options are opened. Experimental being is given precedence over analytical acting and doing. At least, we are reminded of it as a possibility.
It's a while back now, 1997. I recall these very unspectacular moveable grey partitions in the exhibition at the Anton Kern Gallery, when it was still on Broadway and consi-

sted of only one room. They stood around in the room, like ill-at-ease guests. There was space to roam around among them a bit, but not to sit down. It wasn't clear if they were screens or partitions; or whether it was a model for a labyrinth or some kind of office workplaces. Physically slight, they were nevertheless the main part of the exhibition, positing themselves like a question mark that seemed to hold everything in the balance. They filled with possibilities. As if virtual opposites loured behind them. The exhibition was called Hilfen und Recht der äußeren Wand (an mich) (Aids and right of the outer wall [to me]). There were also big wall-pictures, and instead of the usual press release, a statement signed "Konrad Schickdantz". At first sight, this statement seemed hermetic enough, but it described pretty exactly what was going on: "this retreat which behind its silence holds euphoria: one can create one's own environment becoming oddly self-laden with one's own important sphere, which waits to have its turn".
Each element of the exhibition (installation, wall-pictures, press release) offended utterly against established exhibition practices in New York—and the way the exhibition ignored local customs and sales techniques was like an explanatory sketch of its own contents, as quotable as sound-bites. It denied the simple processing of art, discreetly, without so much as mentioning refusal or protest. I liked that. I thought, he's got nerves—he knows himself, his quirks, his whims, his sensitivities. Outwardly aloof, but at the same time alluding to inner processes. Without actually stepping onto the scene himself, as artist, the man who had arranged these partitions had called a certain will to know into being. Not that here was a vain, impresario type. No, he had a quiet voice, quiet but penetrating. One knows the type. One is forced to listen, very carefully, and before one even begins attending to contents, a special anti-style style announces itself. A shield, formal compression, a holistic high. It was an interesting experience. So senseless. So endless. And marked by a potential for autism as well as intersubjectivity. Later, it occurred to me one could look on the partitions as a self-portrait of the artist. One that lets itself be "channelled" in the same way the artist KA channelled Konrad Schickdantz. Among the partitions, I let myself be infected, let the process of art's progressive spiritualization work on me. KA's art offers numerous such opportunities.
II.
In Cologne. Visiting. Stopover in the midst of unending passage. Stopover—in an installation. In 1996 I went to the exhibition Hakelhug (Crotchet-hug) at Galerie Christian Nagel, which at the time was located in rather cramped, office-like premises overlooking the city's inner ring. And it moved me a lot. Hakelhug was a kind of artificial earth connection. An invented artist-personality from the Cologne area had created a sort of pseudo-medium. One moment suddenly turned into the next, seams unpicked. Curious little objects in curious spaces. One could forget pretty quickly that art was involved at all. That's all a bit thin, perhaps. The mood at the exhibition was soft. The exhibits seemed of a different age—sisal carpet, coloured crochet work, lengths of wool under glass, little clay figures. Artefacts left behind by an ultra-sensitive being, abandoned by some imaginary provincial painter, young eccentric, a hippie spirit: dishevelled fragments of a projected life. Here again, question marks hover over his existence, much remains unsettled. Unclaimed relics. Or a little exhibition of amateur handicraft items from youth club, school, or leisure centre, that has journeyed into a different world. They give themselves wholly, surrender to an artistic process, absolutely,

wholeheartedly, if that were possible. An atmosphere was created, tousled, indefinitely earth-coloured. Lots of greenish stuff there, too, I recall. I won't want to separate it from Cologne's downtown mustiness. To create a connection. Art by magic means. Something wrapped itself around his name and around the Hakelhug. I experienced his life then as a performance. Bodies that go out into the world, inducing crises. In the same year, KA sat on a mattress in front of a record player, smoking, his bare torso painted with ringlets, and introduced music. He was presenting Ashley's, his experimental pre-Workshop music work. The cover often consists of a fold-out—the extended fantasies of a record-collector, an "endless" record-cover, bearing drawings in felt-tip pen, reminiscent of elaborate designs on exercise books. Fantasies of liberation in brown, orange, and violet, in a late-1960s style. Growing up. Upward-directed (re)cognition. Looking at this lean body, I thought, so there's art that is politics, dealing with liberation? And from then on very strange modes of expression were permitted. And the performance was like an initiatory ritual. Really beautiful. More magic! That's it.

III.

So it is in the transferences that take place—into certain figures—that the times and means to say what one has to say are found. Art as architecture of a Self, of an artist-self as an ideal, fictive, social outsider, of the picture-maker as "ontological star" ... which is as it always was ... rendered perceivable a multitude of pictures in diverse techniques and media. I must have gone four or five times to the exhibition Impulse (Impulses). Each time, Kick den Sinn (Kick the sense) had its effect. In the big, garage-like space of the Anton Kern Gallery in Chelsea, New York, at the end of 2001, the pictures were hung around the walls in diverse groups. Relatively small, each the size of a communicating head. The pictures used diverse materials and techniques: some surfaces were painted, some poured, or sealed; drawings had been added to photos mounted on wood, then varnished over. Because not all the pictures were painted, the term "picture-paintings" had been coined. The idea of painting was being artistically subverted. Each picture undermined, negated, or critiqued what was painted. Echoes, shadows of moments, meditative or funny. Surprising, scandalous outbursts. Violence and contemplation. The oracular. The found and invented. Looking at them, you see how much they have been through. Reading them there on the wall, minutely, each picture required that I immerse myself in it—its characters, plot, feelings, colours, surfaces. Like voices of bygone times, speaking out of books for the young, postcards, depicted scenes. They are an "as if": different, eternal, strange. At once anonymous and handmade, they are—in the widest sense of the word—illustrations of moments in political, social, religious, or sexual processes, of liberation, oppression, laughter, surprise. His faces are not always cheerful, but often awed. They are mostly young. His styles range from the nineteenth century to the 1970s, and there is invariably an odd sense of time-travel, a style trip. A special relation seems to hold between the objects and the person who made them, or who made them his. The abstract works stand in a contrapuntal relation to the more figurative works, and the longer one looks at them the more they generate memory images. Fuelled on crises, worked up, shaken. They are full of fissures and wailing. Inner has been washed up to the surface, flows in a landscape. Greasy, flea-markety, moving. And they show how much they've been through. Sometimes they look old. Splintering, half hammered to bits, worn down by all the attrition of image-fictions. Oh to drown in abstract colourful soups.

It was like matter melted down to song and noise. It was positive vandalism, expressed in special mannerisms. I went to the exhibition several times, ritualistically, and felt glad, for it demonstrated how open and extreme painting had become. The way pictures crop up, senselessly and endlessly. Incendiary, in its melancholy way. Especially the one sculpture. Not at the centre of the room, but near enough, so that when someone entered the gallery they were in the eye of the sword.

IV.

Sculptures: two chairs, one on top of the other, seeming to perform a balancing act, and apparently supported by a relatively big sword. Objets trouvés, found in New York, in this particular combination like a relic. Sculpture as half-improvised gesture. Or something abandoned after a mysterious ritual. Maybe also a portrait of the master of ceremonies. I tried to see nothing more in it. It reminded me to let a vacuum, a question mark, obtain. That it was not simply a "painter" who'd turned up here ... This was a comprehensive affair. Walls and pictures, the sculpture, the photograph on the invitation, each element was part of the whole. Each element could function beyond itself, contributing to atmosphere and ambience. A charged atmosphere communicates itself. Excitement. It is exciting because emptiness and meaning coexist here. It helps if one does not present the balancing act itself, making some other figure responsible for it instead. This figure may be sculptural. The "angel sculptures" at Galerie Christian Nagel, Cologne, in ground-floor premises resembling a regular showroom, 1999, made a big impact on me, too. Bits of floor covering, oddly draped, rolled, and made to stand up. These sculptures were part of a multifaceted installation consisting of photographs, drawings, and the text Ein noch zu weiches Gewese der Urian-Bündner (Urian's Confederates—still too soft a fuss). The text speaks of the vestigial memory that can be secured in an icon of grace, an "angel" made of rolled up floor-covering. "So, at the beginning, everything is still hanging, as in a successfully completed school project. It cannot be outdone, and yet it is not fully developed. But sooner or later it will hurl a bolt of purest fear into puny, idiot life, with a violent embrace that outdoes everything to date, and then it'll suddenly become a calling whose stinking, laming, grievous putrefaction will put the 'deliverance' we once knew to ETERNAL shame."

I liked it that someone was using this curious language to describe these things, a mixture of antiquated chronicle, stammering adolescent, and Jacob Boehme trying to say what gives man "the essence and will to endow form". And how, possibly, one looks into the heart of things, not as a glimpse at a passive object, but a "you" giving multifarious expression to itself. I recall other figures made out of found materials. The cut-out, painted cardboard figures of Modern wird lahmgelegt (Modern is brought to a standstill)—rigid, frozen in their postures, yet interacting with space and meanings. Or the tragicomic effigies in Reflux Lux, who, after an ecstasy of despair, or a drinking bout, suffocate in their own vomit. There they lie, in this extremely yellow container, with a few extra props that gesture at their lifestyle and world of thought.

V.

I like the variety and range of male figures one finds in KA's work. As in "man's face at dark background", "man w/ laughing head", the football players, cross-bearers, starers, cut-outs, martial types, adolescents, thin guys, coolly looking guys, disturbed guys. I find the same complex pictures in the texts as well, and particularly in the latest

Workshop CD entitled Es liebt Dich und Deine Körperlichkeit ein Ausgeflippter (You and your physicalness is loved by a dropout). And if one watches the video to the song Erfüllung (Fulfilment) one sees the posing is a delightful performance, yet devoid of all irony. Herein lies its so-called timeless dimension. Young men looking like a modern version of D.H. Lawrence, or young physics or maths teachers. The haircuts, pullovers, and shirts with their sticking-out collars are what do it. It is a subtly charged formalism. They run around a nice bit of the Rhine, singing and playing. Old-style folk duos come to mind. Looking for points of reference, one invariably comes to rest in the '60s and '70s, when folk and pop aesthetics sprang up with progressive, androgynous images of body and mind, and of their mass failure. Adulthood, issuing from a sort of collectively hallucinated ecstasy and modulating into disillusionment, flanked by ideas on drugs, cults, poetry, and local peculiarities. These are the ingredients, the clay and the colouring, that go to make up these characters, the intimidated, the low-key divas, the cute guys. Art is implicit in all this. Other "arts" flow into his work too. Memories. Things that have made an impact on him. I see direct connections to other self/men depictions as well. Egon Schiele, for instance, both the light and the dark; Pierre Klossowski, Paul Thek. Connections as well to design, patterns for carpets, fabrics, sexuality, wall-paint charts… Networks of affinities are the result. But names, meanings are never mentioned. His differs from other procedures of appropriation because he quotes nothing, not even a period. He follows his own preferences in various directions, stubbornly, vehemently, hungrily—poetic bric-à-brac, pedantries of style, nostalgias—mixing a brew perhaps capable of freeing just those secret powers that can transform life. If not that, then at least such methods inspire one to go out in search. New tales of the young man who becomes an artist. The brew, the magic powder. False magic. Whatever. Even if it's only a trace, it's plenty. And the impossible becomes possible. Such as finding pictures for our time. Complete mutual entanglement of art and artist is possible again, giving exploratory access to all sorts of states.

VI.

KA's complicated and long-standing relationship to music is part of his artistic personality, too. Like family, local ties, remembered places, and friendships, it is an integral component of his life. The band Workshop, activities as a DJ, the recurrent use of music in installations are the upshot.

Certainly, his music and his art should not be confused. But nor should they be put side by side for comparison. The aesthetic moments exist, of course, reeling, trance-like, or concretely articulated, in line, with light, pastel shading—in the drawings no less than in the riffs and runs of his music. In fact, there is a strange friendliness of expression. Yet indirect. An undertone. Or an overtone. Folk art from children's books, posters, record covers, and from song-makers themselves. Experimental art from the band Can, important for any young person in Cologne interested in music, especially for Kai, in the exoteric tradition of artist-alchemists (from Beuys to Polke, but also Lausen, Edelmann, Buthe). Tones extremely subtle, texts aestheticized almost to benumbment and dealing with existential situations, from the violent to the ecstatic—the whole palette. I talked about it with a friend, and we came to the conclusion that, with each new record, Workshop sang with increasingly hot voices. We enjoyed speculating how it might go on. Is development possible!?

A video KA made with Michaela Eichwald, Jens Wagner and Ralf Schauff ["Aus lauter Haut"] deals with various characters who have a band and want to make music together. The film shows all the junk and misery and blather surrounding music-making and those who come together to form a band. It also shows how, slowly, something else comes into being, how a will to form arises, how suffering accompanies its birth … until at length a number is created … the band manages finally to play, and while one can't say anything has been solved, one feels nevertheless that the little outcry, collective, accomplished, is good, for it turns things upside down. An urgent, earnest mood generates ultimate success. Only to implode in a moment of "Everything's-Possible"! Despite circumstances and the resistances in the people themselves, and in what they play, or think they play, namely, their instruments.

VII.

Now I'd like to say a word about Aus Dir (Out of you). This was an installation/exhibition at Galerie Daniel Buchholz, Cologne, in Summer 2001, which made some things explicit and united much. It was a mise-en-scène of the mental space of the "dropout", a walk-in memory, but in the present; for the installation also comprised a physical invitation to linger, and to sit down. Art with a utilitarian function.

The invitation card to Aus Dir was a Blakean pencil drawing printed on rose-tinted paper. It seemed to invite one to bring everything one had to the exhibition—knowledge, experience, madness. To one side of the entrance was a slot with a bike parked on leaves. A text printed on neon-coloured paper adorned a projecting surface. A number of posters were reminiscent of the friendly warnings issued by "modern" church organizations. Softer than it was loud, canned music by the progressive German electronic music pioneers Popol Vuh was played. The main exhibition room had a lowered ceiling. Its prevailing ambience and mood recalled a public tea-room, of the sort Christian churches opened in Cologne in the 1970s. Offering an "alternative" community, and succour perhaps for fallen youth, they were also places for fantasies, for possibly new, entirely unintended communities, couplings, practices, drug-excesses. Painted light-green, the room had carpeted seating around the walls with little separators … hallo, partitions. It was also a place for meditating. There were photographs of photographs, rich in meanings (monastic cells, community life), photographs of drawings, on the floor a mass of coloured candles one could light, and nude photos of KA, although these were slightly concealed by twig-work, apparently without roots or trunk, that reached from floor to ceiling. Aus Dir was lavish. It demanded a lot of one, if one wanted that. One gets what one lets oneself in for. It invites a performance. Entry into this world. Where first the senses are activated. Sounds, colours, smells. An atmospheric picture one can walk into. So one sits there, becomes part of the magic?

Curious orders, containing disorder, in order to free people from quotidian, prescribed thought-patterns, but without prescribing any new ones. There is no manual. Languages of turbulence gently circulating from the interior. Inner material that works at its own outer manifestations. How much became possible again that summer! The sluice-gates of many a madness opened. Insistence on an autonomous space in the midst of turmoil, yet linked up to everything. Thoughts on how the reality of the inner world can be nominated, attested to, and illustrated, as outer. Encounters, left lying around in the room—with the absolute, with sex, smells, garbage, sounds, colours, light. Corporeal knowledge. Art that wants to elicit temporary trance-states, yet without prescribing them. Anti-therapeutic therapy. Art as trip. Or it could be love, or something different again: disgust, wonder, refuge, gunge. Greenish. Synaesthetic!

Strange modes of expression. Ghosts. new age. rheinland. musty.master.light. relic-rituals. child's play. darkness. contours. reincarnations. Distorted staff. memory, own and found. hatchings. wide eyes. sensitive lines. students, apprentices, young men. effigies. shadows. fuck the interpretation. or get lost in a forest. for the entire week, or longer. or on the Rhine. i decided to go several times to aus dir. feeling. knowledge. i invited a friend who was travelling through to go with me. We sat there and discussed the semi-partitions, being one's own company, another's, others'. Ultimately, the whole topic of relationship to community came up. Details and odours. It was a great place for dreaming and mental morphing. Life, decontextualized at last! My translation of Aus Dir lasts as long as my changing memory of it lasts. "The excitement that form brings with it as it comes into being, the adaptation of my mood to a virtual, durationless discourse, is a far more valuable condition to me than the satisfaction of activity." (Antonin Artaud)

So that's how I feel, my friends. Inspired by KA and others, this process was set in motion. Art and the artist and me, more art, and other artists, entangled. Thus even a text becomes a performance, in search of the Holistic High. But, in an instant, the venture will have found a different picture, and the picture a novel venture. And so on ...

Exit/Partitions:
The human is the being that, bumping into things and only in this encounter opens up to the non-thinglike. And inversely, the human is the one that, being open to the non-thinglike, is, for this very reason, irreparably consigned to things. Non-thingness (spirituality) means losing oneself to the point of not being able to conceive of anything but things, and only then, in the experience of the irremediable thingness of the world, bumping into a limit, touching it. (This is the meaning of the word "exposure").
(G. Agamben)

Beatitude is nothing promised
Michaela Eichwald

On Aus dir (Out of you); Ja, Herrkenn mich genau (Yes, Lordknow me throughly); Impulse (Impulses); Gelenkstützen (Joint-supports).

One of them has no strength left, his face looks pained. The other simply goes on tormenting him. What has he done to deserve such punishment? A sick man is lying in bed, defenceless. A big man comes, bends over him. He looks so threatening. Is he going to hurt him? Where is all this maltreatment leading to, where does it come from? After all, there are days we could kill ourselves laughing, especially outside, walking, when we let ourselves out and let ourselves go in the OPPOSITE DIRECTION, a direction diametrically opposed to lordship and bondage, anguish and pain: cheerfully singing and playing.

What's going on here? What is going on?

Gatherings of brooding men who embrace or torment each other; misty surroundings, nervous brushwork, then a reassuring lattice, patiently articulated. Some are guileless and sweet as only the inexperienced can be; others are fiends, monsters of sadism. Nothing is too disgusting for them. Most are in uniform. Their attributes—boots, helmets, sashes—emphasized, almost to a fault

Jesus of Nazareth, as Christ, appears often of late, symbolic, drawn "simply" in pencil. We see him as the Man of Sorrows, in his last hours, a captive, already scourged. Either he is dragging his Cross wearily along, or he is already hanging on it. The community of his followers weep for the derided one, who almost breaks down under his load and trusts in deliverance.

Further off course on the Gelenkstützen (my FAVOURITES), "vile little jokes" making the running, as if to augment the pitilessness and scorn. The "locus" of pitilessness also seems recherché—a groaning, grappling to and fro between "feasting" on and "shuddering" at cruelty.

Mastery of water-colour, tone-and-colour-sure, technical innovation: resin, paper, boat-varnish, canvas, water-based paint, instructively mixed (for example)—amidst which: starving people alongside genitals children might have scratched covertly into a desk-top with a penknife, gaping brain-pans, soldiers, emaciated joke figures, wobbly backsides, canine horrors, doddering lepers, the wounded, the raped. Imagination seems boundless. As if one could not get one's fill, visually, mentally, of bodily and spiritual infirmities. And to separate light and dark more effectively, things are to become yet more repulsive. Against this background of misery, the yearning for deliverance grows. The heart flows over, wanting to spill itself and finally deliver itself up. (All that is my guesswork!)

The way out, for example in monastic communities, working oneself up into a state of simple faith, ordering one's life in the service of God and letting oneself be given orders, ... creates stability and health. I would like to believe it.

Kar-Stadt*
The countryside around Bergisch-Gladbach to the adjacent Ruhr has remained touchingly, reassuringly backward in appeal. Suddenly everything is just so, its local colour typically goody-good. Obligingly up-front yet against the psychic grain, it recalls youth, which, hopefully, has come to an eternal standstill here, although originally

planned and built by its founders misanthropically, for instance Solingen.

When I go into a Karstadt store in another city I often think of Margit Carstensen, that great and beautiful mimic, in the role of Petra von Kant in Fassbinder's film, and the way she says, "KARRRR-STADT—these swine". She says it with unbridled, nonchalant wrath, formless and urbane. She says it with a fury both subliminal and absolute (as I recall): Karrrrrrrrstadt.

It began raining again in Solingen. It rained practically the whole day. In a bend on the hill a fat couple, almost standing, rolled horizontally from their moped, scrambling again, as fast as they could, to their feet.

We'd been to Karstadt around midday for a while. Now, late afternoon, we went back. Inside was warm, cosy, and pretty deserted. We spent a good while inspecting the wares. Photos got taken; Kai, looking earnest, in front of an opulent panorama of crockery for some sumptuously rich, petty bourgeois family.

Loudspeakers bid the last customers a friendly farewell. By and by the lights began to go out. In the end, only the greenish emergency lamps were left burning weakly.

Now peace settled on the merchandise. Everything looked ashen. Great tiredness washed over our hearts. We crept under a mound of cuddly soft toys and let the store guards shut us softly in.

Whether or not, come morning, to buy the Rohde shoes (like an iron-worker's) for forthcoming hikes in the spring. That was the question that occupied us that night in Karstadt. How to charge the coming spring and the coming future with value and life.

You're free enough as it is, you've got everything, you're gifted, bla bla, etc.—what else do you want? You don't have to run away; your life—is not a curse.

At daybreak the customer hosts came streaming in, life went on in the same old way.

It had stopped raining, outside the air smelt fresh and cold. We left Karstadt and boarded the bus that would ferry us back. As the bus bowled along through the countryside I thought: the Protestants have got into the habit of believing with their brains and manias, but true feeling, if one believes and wants to believe, should be simple, trusting, and guileless. "Live in God's grace, just be there." So we read in a lyrical piece from Ja, Herrkenn mich genau. Should we take it at that then?

Is the right God-god meant here?

I believe almost—yes, it is profoundly serious.

In this direction my company is—withheld.

Haus Segenborn

Humility, okay, as contemplation and ardour, as reverence for man's "nature" and, yes, for animate and inanimate nature in its entirety, evolved, and evolving, and in man's hands.

The earthly history of Werner M., who runs aground and goes to ruin, spitefully abandoned by the members of society, but who himself also risks it, coming to a standstill in midstream. The abandoned. Pain and pity.

Haus Segenborn is part of the Social Welfare Department and is affiliated to the "Coenaculum Michaelshoven" in the village of Pulvermühle, near Waldbröl. It consists of four residential buildings and has fifty vacancies for men who have "gone astray", lives in crisis. There is also an agricultural holding with livestock breeding and various workshops. But one need not take part in this if one does not want to.

Days spent again with the men of Haus Segenborn at timber felling and reforestation work. The return now, climbing the hill in cheerful mood.

One sees him sitting with the others in the bus shelter, staring at his hands, while they smoke, or reading the newspaper or collecting waste. Today he sat motionless for hours, next to Arno beside the stream, with a stick. They watched the whitefish under the stones there and saw two trout as well.

The steadfastness of these people is good. It I want.

I also sense that it's right. Not just distantly, vaguely touching—it's tangible. Humourless, too, in part. Yesterday there was a violent row about cigarettes, and later on they almost came to blows over the television. Moronic. But today was a very good day.

The way Arno showed me his furniture. Or our laughter over Helmuth as he cooked lunch and almost fell asleep on his feet. If only everyone, alongside their degrading work, could afford to do something they really liked and that others liked them for or could laugh over! Why isn't that encouraged, instead of always this idiotic shit a thousandfold rewarded!

If only everyone could develop, and nurture his "person" in life, and have enough "success" at it to be able to let go of himself, instead of always fearfully or greedily clinging to himself ...

Wenz, our "artist", sets an example. I know no one more contented than he is or who does more than he does in his inimitable way for the community. Six years ago this man was a complete wreck, and speechless. Today he is a great folk original, a seer, who likes singing songs and cracking jokes. And he's open for everything. In his pictures, he portrays people's peculiarities and sensitivities so that one is transposed to where they are as one looks, and feels oneself of one mind with the people or the wood, with everything depicted. He sometimes speaks of himself as a figure of the old order that wants to pass over, perhaps also to go under.

All that oozing, seeping pain, on the one hand, the depiction of torments, the uniformed men and their tortures; on the other, solace and "deliverance" from suffering, the idylls of fraternity, of being held, of innocence—I don't really want to see it that way, it's not my cup of tea. In the end then I have to laugh, or else it gets my back up. [What's the point!]

What interests me personally: how does one get from "illustration" to that openness of "spirit", the abstract, that increasingly "free fallingness" of representation that (don't ask me how) regains its balance, etc. ... —hur-ne! hur-ne! hur-ne! ang-ang-ang-ang-ang-hannhannhannhannhann !!!!! Go beyond the reach of your own [aesthetic] categories whatever you do.

It interests me ... how that is possible, in an entire room, by the diversest means, so to charge the atmosphere, so to pump it up, with an erupting laugh as well, until an aura {from the secret, inward, holy composition?} springs up out of who knows where, and how one gets sucked into it, into this intimacy, which one also desires.

The astonishing fact of a carpet sculpture acquiring an eerie, positively psychical presence, so that it seems to me, when I'm alone in the room with it, that it has an eye on me, that a carpet is seeing through me, and (probably) wants to take me home with it and wrap me up. Being able to breathe life into dead objects in this way, it seems to me, is—not the real artistry here. When I am faced with the extent of Creation's freedom and catch sight of a self-determining will going about its tasks and mastering them, uncomplaining, over and over, until a tidy mountain of "work" arises, joy surfaces. Personally, no plot, no anecdotes, abstention from all supports, only pieces of lathe-work, impregnated blue, and red, inherently absurd, placed there in the room as a frame and set as little dolls on nondescript second-hand chairs, the whole entitled *Bezirk der Widerrede* (Backchat Area); is opening, derestriction.

Not stupidly, not gruffly, not spoken for others.

To say yes to the pains of growth and also to love the future of what is to come—at the same time to REMAIN TRUE TO THE EARTH!

O LAND LAND LAND

how difficult that is

At Haus Segenborn at any rate the motto is simple: pure practice of life: we learn how we will be in a position to enable ourselves to charge something with value and love. Right?

Beatitude is nothing promised—it is there, if one lives and acts thus and thus.

Translation: Christopher Jenkin-Jones, Munich

*Translator's Note

"Karstadt": name of a German department store chain. By separating its two syllables, the author creates "Kar-Stadt", a neologism. The syllable "Kar" (as in "Karwoche", Passion Week, and "Karfreitag", Good Friday), derives from the Old High German word *chara*, meaning "lamentation", "mourning". English *care* ("worry") is related. The Indo-Germanic root, *gar-*, means "to call out", "to cry out".

List of plates

1. Untitled, 1990, Colour photograph
2. Oxshott, 1990, Collage, various papers, painted, 50 x 51 cm.
3. Untitled, 1990, A group of friends meet in a shop bar on the Friesenwall, Cologne, to invent masks. (It took place on 12.12.1991 from 10.00–13.00)
4. Some of the masks, 1990, Hide, cardboard, material, wool, etc.
5. Untitled, 1991, Colour photograph
6. Erwachsen werden, Fabio, 1991, Acrylic and pencil on paper
16 drawings, each 29 x 42 cm.
7. Erwachsen werden, Fabio, 1991, Acrylic and pencil on paper
16 drawings, each 29 x 42cm.
8. Untitled, 1991, Colour photograph
9. Untitled, 1991, Colour photocopies on paper, 51 x 71 cm.
10. Untitled, 1991, Colour photograph
11. Untitled, 1991, Painted by Albrecht Koehler, Poster paint on art print, 33 x 27 cm.
12. Untitled, 1991, Acrylic, with water-based paint, crayon, pencil, and wax on paper 38.5 x 40 cm.
13. Untitled, 1991, Colour photograph
14. Jan Koehler sends his brother a report of a pupil exchange in Australia in 1985: photos furnished with detailed handwritten (and occasionally drawn) explanations on the reverse, 42 photographs, each 10 x 15 cm.
15. See 14.
16-19. Untitled, 1993, The walls of the gallery are hung with a long band of material. Fixed to the wall above its edge, figures made of fabrics and other materials mounted on cardboard. They seem to be sitting on their chairs above this horizon. There are also items of red furniture—a shoe-cabinet, a sideboard. On and in these are fabrics, a pullover, a Merian magazine on Ulm, empty beer bottles, other bottles, and glass containers. A bowl of apples on a small blanket. A plate, painted with an Imperial Eagle. Finally, a big, green bottle with a branch protruding from it.
(Lukas & Hoffmann, Berlin)
20. Untitled, 1993, Black-and-white photograph
21. Untitled, 1993, Cut-out (design for the display window of Galerie Lukas & Hoffmann, Cologne, Christmas 1993 to New Year). Cardboard, parchment, acrylic, and water-based paint, wax, 100 x 135 cm.
22. Announcement for Grenzen am Rande der Neustadt, 1994, Print, 22 x 21 cm.
22-26. Grenzen am Rande der Neustadt, 1994, In the play Grenzen am Rande der Neustadt! there is a scene in which a game of skat is to be played while the actors simultaneously conduct a conversation. During rehearsals the question was discussed whether a real game of cards was to be played and the dialogue adapted to it spontaneously, or whether the dialogue was to be rehearsed and fixed in gesture and emphasis, the same for each performance, and the game of skat only simulated.
In the end only someone who was listening and attending extremely carefully was able to say what was rehearsed and what improvized.
26. Exhibited text
27–29. Uwe: Auf guten Rat folgt Missetat, 1994, 3 drawings, crayon, pencil, water-based paint on paper, 30 x 34 cm. / 35.6 x 30 cm. / 29.7 x 37.2 cm.
30. Modern wird lahmgelegt, 1995, The gallery space is laid out with silver-coloured material rising to the right. On this, at a height of roughly one metre, are three cardboard figures. Two of them are separated from the third by a "studio window", also made of cardboard. A piece of thick woollen fabric hangs in the window recess in the rear wall of the gallery. A record cover is leant up against it. One views all of this through a broad plastic panorama that is also framed top and bottom with silver-coloured material. (Daniel Buchholz, Cologne)

31. Untitled, 1989, Colour photocopy mounted on thick tinted paper, 22.5 x 23 cm.
32 & 33. Hast Du heute Zeit?—Ich aber nicht (together with Cosima von Bonin), 1995. A long "bar" has been constructed out of cheaply acquired and found bits of furniture. Those working and serving behind it, and interacting with the viewers, do so according to fixed but unspoken rules. Everything radiates a resolute beauty, which greets the sun of Stuttgart. One can get from the back part of the "bar" to the second half of the exhibition area in order to rest. There, through a door crack and a complicated system of mirrorings, one sees the two [Althoff and von Bonin], lying on a mattress. There is a gap of some 150 cm. above the walls of the room, and they begin throwing wet towels at the viewers. A big fight begins... (Künstlerhaus Stuttgart)
34–36. Untitled, 1995, A square measuring 4 x 4.22 m., its ceiling only 2.18 m. high, is partitioned up into narrow passages and little rooms, often only 70 cm. wide, to create a small, labyrinth-like house. The ceiling consists of material dyed in yellowish tones in large patches. Spotlights above the ceiling shed light filtered into the dwelling. On the walls are drawings, prints, masks, a silhouette, a pottery art-work, and so on. It is exceedingly warm inside. (Stedelijk Museum, Amsterdam)
35. Untitled, 1995, Water-based paint and pencil on tinted paper, 33 x 27.6 cm.
36. Untitled, 1995, Collage, 25.2 x 23.7 cm.
37. Untitled, 1995, Ink, felt-tip pen, and pencil on paper, 61.4 x 81.4 cm.
38. Untitled, 1995, Felt-tip pen and sellotape on paper, 120 x 160 cm.
39 & 40. Hakelhug, 1996, On the floor are two blue sisal carpets. On one of them stands a table, its top consisting of two glass sheets measuring 150 x 160 cm. laid on top of each other, and between which strands of wool describe shapes. The glass sheets are supported by wooden planks from disused weaving looms. Human effigies and abstract shapes lie and stand in front of the table, or on it. The faces of the effigies are all turned to a wall on which hang numerous drawings, watercolours, and all kinds of paintings. A tape-recorder plays back recordings of events in which poems are concealed. (Galerie Christian Nagel, Cologne)
41 & 42. Eulenkippstadt wird gesucht, 1996, To the rear, in a part of the gallery painted dark green, a container-like hut stands as if on short stakes. The hut is papered with wallpaper having a photographed wickerwork design. Within, on carpets and fabrics, one sees glowing heads and a person with a glowing head. Distributed over walls and floor of the hut are drawings, photocopied articles and photographs from Spiegel magazine, handouts, wine bottles, twigs with willow catkins, ash, and so on. The gallery is in darkness, the only light at all coming from the heads. Lengths of transparent plastic hanging from the ceiling are painted with trees and shrubs. (Robert Prime, London)
43 & 44. Hilfen und Recht der äußeren Wand (an mich), 1997, The main part of the gallery is occupied by fourteen moveable partitions, each measuring 210 x 100 cm. One side of each is painted light grey, the other a darker, cold grey. Photographically enlarged watercolours laminated on plywood hang on the walls. At the front of the room there is a lamp, books, glass sheets with stickers, postcards, packing materials, "genuine" drawings, two big photocopies, a small picture of Michael J. Fox in the film Big City Lights, and adhesive tape stuck on floor and wall. (Anton Kern Gallery, New York)
45–47. Reflux Lux, 1998, Two life-size human effigies, dressed and stuffed, with papier-mâché faces, on the floor near a table. The table-top, covered with orange plastic film, stands on building blocks. Under the table, an imitation Prussian helmet. The floor and parts of the walls of the room are lined with glow-painted corrugated cardboard. On the walls are large photocopies of felt-tip drawings, a fashion photograph, fabric. The room also contains barstools, plates with remains of food, glasses, cutlery, a blanket; a running television; a sequence of sounds from an unlocatable loudspeaker; vomit. (Galerie NEU, Berlin)
48. Untitled, 1997, Felt-tip pen on melamine-coated surface, 84.4 x 74.93 cm.

49. Untitled, 1997, Felt-tip pen and pencil on packing paper, sellotape, 185.7 x 100 cm.

50. Untitled, 1998, Crayon and pencil on paper, 36 x 47.2 cm.

51. Aleph, 1999 (detail), Felt-tip pen, crayon, pencil, water-based paint, sellotape on paper, 68.5 x 55.8 cm.

52-58. Ein noch zu weiches Gewese der Urian-Bündner, 1999, Large, colour-painted plywood boards are affixed to the walls of the exhibition rooms, and on each two black-and-white photographs—in one case varicoloured gouache-tempera pictures—have been mounted to form big wall-pictures. Big pieces of floor-covering lie on the floor, as well as sculptures made out of it by bending, creasing, and standing the material up. Music, at first unmelodious, issues from an invisible loudspeaker. (Galerie Christian Nagel, Cologne)

59 & 60. Stigmata aus Großmannssucht, 2000, Life-size human effigies of wood, fabric, felt, cotton wool, flax, leather, artificial hair, silicon-rubber, and acrylic; a 950 cm.-long slide made out of wood, iron nails, and acrylic paint. A ship's bell, plastic bags, parchment, photocopies; the windows are boarded up with white-painted wooden slats. (Galerie Ascan Crone, Hamburg)

59. A drawing from the catalogue accompanying Stigmata aus Großmannssucht Water-based paint and ink on paper, 29.5 x 30.5 cm.

61. Hau ab, du Scheusal, 2000, 34 pictures in water-based paint on paper mounted on board, each 27.8 x 29.5 cm and a cut-out, thick tinted paper, parchment, water-based paint, 81 cm. diameter (Galerie NEU Berlin)

62 & 63. Aus Dir, 2001, A little carpentered "alleyway" leading to a narrow, arched entrance is one way of entering the room. At two of the walls, the room's floor-covering continues, extending over a step some 40 cm. high. One can sit down here alone or in two or threes in niches formed by boards projecting from the wall. A dry tree rises out of the floor. The room also contains a foam-rubber mat, singed and stained in various places, found bits of wood and industrial rubber, scented candles, night-lights, matches, and perfume bottles, all scattered as they have been used. Large earthenware dishes, containing water and black, viscous fluid. A small sheep under an arch. On the walls covered with structured wallpaper: photos of places, people, posters, pictures, drawings (no. 62), in part mounted on plywood surfaces. The low ceiling is divided into squares by lateral and transverse beams over which fabric is stretched. To the right in front of the entrance, there is a deep niche containing two bicycles in the dirt behind an iron gate.

65-67. Untitled, 2001, 30 pictures, one sculpture consisting of two armchairs and a sword, (Anton Kern Gallery, New York)

64. Untitled 2001, Boat-varnish, poster paint, varnish, and tinted paper on canvas 50 x 40 x 4.2 cm.

65. Untitled 2001, Boat-varnish, poster paint, varnish, and tinted paper on canvas 50 x 40 x 6.5 cm.

66. Untitled, 2000, Boat varnish, watercolour, varnish, and paper on canvas, 40 x 50 x 4.2 cm.

67. Untitled, 2001, Felt-tip pen, wax crayon, pencil on paper. Epoxy resin, partcoloured, plant parts, 70 x 64 cm.

68. Untitled, 1989, Colour photocopy and pencil on paper, 36 x 48 cm.

69. Untitled, 1992, Colour photocopy mounted on thick tinted paper, 42 x 30

70. Untitled, 1992, Acrylic, wax, pencil, and crayon on paper, 50.5 x 52.2 cm.

71-74. Untitled, 1992, 4 drawings, Ink, wax crayon, crayon, and water-based paint on paper, each 29.7 x 21 cm.

75. Untitled, 1992, Pencil, crayon, and wax crayon on paper 36 x 41.3 cm.

76. Wir haben so mit dir gerechnet, 1991, Water-based paint, crayon, and pencil on paper, thick glossy paper, collage, 80.7 x 81 cm.

77. Reincarnation, 1990, Collage, ink, and various papers on thick glossy paper, 49.5 x 53 cm.

78–80. Untitled, 1993 , 3 drawings, Felt-tip pen on paper, 35 x 54 cm. / 53.2 x 54.5 cm. / 38.3 x 45.7 cm.

81. Ashley's, 1990/1996, Fold-out with 13 drawings as offset prints. And a record.31.2 x 31.5 cm.

82. Untitled, 1990, Acrylic and water-based paint, crayon, pencil, part collage on paper, 69.3 x 70.4 cm.

83-98. Erwachsen werden, Fabio, 1991, 16 drawings, Acrylic, crayon, and pencil on paper, each 29.5 x 42 cm.

99-102. Untitled, 1999, A group of friends meet in a shop bar on the Friesenwall, Cologne, to invent masks.

103–106. Untitled,1994, Grenzen am Rande der Neustadt, (See list of colour plates)

107. Untitled, 1993, Magazine photograph

108. Untitled, 1995, Collage, 22.2 x 21 cm.

109. Untitled, 1995, (See list of colour plates), Water-based paint and pencil on paper, 99.8 x 51 cm.

110 & 111. Hast Du heute Zeit?–Ich aber nicht (together with Cosima von Bonin), 1995, (See list of colour plates)

112-115. Hakelhug, 1996, (See list of colour plates)

116–121. Eulenkippstadt wird gesucht, 1996, (See list of colour plates)

122. Schloom, 1998, Felt-tip pen, pencil, sellotape, and fabric tape on paper, 160 x 120 cm.

123. Toralfs Linderung durch eine Zuflucht, die die Eltern ihm erfanden, in seinem schwersten Genesungsjahr, 1998, Felt, fabric, 91.5 x 200 x 30 cm.

124. Untitled, 1997, Pencil and crayon on paper, 36 x 45 cm.

125. Untitled, 1998, Felt-tip pen, crayon, pencil, and water-based paint on paper, 34.9 x 38.7 cm.

126. Untitled, 1998, Felt-tip pen and pencil on paper, 29.7 x 21 cm.

127. Untitled, 1997, 3 drawings, Ink and water-based paint on paper, 29.7 x 41.9 cm.

128. Untitled, 1998, Photo laminated on melamine surface, 50 x 73 cm.

129. Michael J. Fox, Photo from a film

130. Scheiding ahnt, 2000, Felt, 125 x 129 cm.

131. Untitled, 1998, Thick tinted paper, pencil, and felt-tip pen on melamine surface, 74 x 110 cm.

132. Untitled, 1999, Plywood, photograph, lamps, sellotape, paint, 225 x 175 x ca. 400 cm. (carpentered room)

133. Untitled, 1999, Collage, various tinted papers on cardboard, Pencil, crayon, 204 x 145 cm.

134 & 135. Reflux Lux, 1998, (See list of colour plates)

136–145. Billa Loo, 1999, Bezirk der Widerrede, Walls, floor, and ceiling of the "studio" are lined with black flannelette. Wooden lathe-turned figures, measuring 60–70 cm., red, blue, green, brown, and natural-coloured, are positioned, as if in conversation, on the floor, on an armchair, on a chair, and on a small shelf. A three-dimensional model of a situation stands on a harshly-illuminated, tall pedestal that is covered with gleaming white plastic film. The model too has been made out of lathe-turned wooden struts, Office-lamps, cut-out lampshades, books, a cut-out human figure, and small discs made of modelling clay are distributed on old, white-painted steel shelves. (Galerie Daniel Buchholz, Cologne)

146–148. Ein noch zu weiches Gewese der Urian-Bündner, 1999, (See list of colour plates)

149–155. Hau ab, du Scheusal, 2000, 34 framed watercolours and a cut-out, untitled (See list of colour plates)

156–161. Aus Dir, 2001, (See list of colour plates)

162–172. Impulse, 2001, 30 pictures, one sculpture consisting of two armchairs and a sword, (Anton Kern Gallery, New York)

162. Untitled, 2001, *Watercolour, boat-varnish, paper, and varnish on canvas ,*
60 x 60 x 4.2 cm.
163. Untitled, 2001, *Watercolour, boat-varnish, paper, and varnish on canvas,*
60 x 50 x 4.2 cm.
164. Untitled, 2001, *Coloured and transparent epoxy resin, 64 x 70 cm.*
165. Untitled, 2001, *Watercolour, boat-varnish, paper, and varnish on canvas,*
60 x 70 x 4.2 cm.
166. Untitled, 2001, *Felt-tip pen, boat varnish, paper, and varnish on canvas,*
70 x 60.5 x 4.2 cm.
167. Untitled, 2001, *Coloured and transparent epoxy resin, 70 x 65 cm.*
168. Untitled, 2001, *Coloured and transparent epoxy resin, photograph,*
64.5 x 77 cm.
169. Untitled, 2000, *Watercolour, boat-varnish, paper, and varnish on canvas,*
40 x 40 x 4.2 cm.
170. Untitled, 2000, *Watercolour, boat-varnish, paper, and varnish on canvas,*
70 x 60.5 x 4.2 cm.
171. Untitled, 2001, *Watercolour, boat-varnish, paper, and varnish on canvas,*
50 x 70 x 8 cm.
172. Untitled, 2001, *Watercolour, boat-varnish, paper, and varnish on canvas,*
75 x 60 x 4.2 cm.
173-175. *Gelenkstützen, 2001, Felt-tip pen and ballpoint pen on leather, 29.7 x 21 cm.*

Fotonachweis:
Stefan Abry: 60.
Kai Althoff: 2./3./4./5./21./34./35./36./39./40./41./42./43./44./49.
/51./53./59./62./99.-106./108./109./112.-115./116.-121./124./
136.-145./146.-148./156./157./173.-176.
Dieter Althoff: 38.
Albert Gabriel: 33.
Markus Keibel: 32./110./111.
Jan Koehler: 14. & 15.
Galerie Christian Nagel: 125./126.
Markus Schneider: 23./24./25.
Lothar Schnepf: 30./37./51./62./122./158-161.
Alexander Schröder: 132.
Andrea Stappert: 130.
Simon Vogel: 54.-58./64./65./66./67/123./162-164.
Jens Ziehe: 6./7./8./11./12./16.-19./27./28./29./31./46./48./50.
/61./70./71.-74./75./76./78.-80./82./83.-89./131./134./149.-155.